AF625979

À toi! 1

Carnet d'activités

Mit Audios und Erklärfilmen

Dein **Carnet d'activités** findest du auch in der **Cornelsen Lernen App**.

Siehst du folgende Symbole in diesem Heft, findest du in der App ...

- das passende **Audio** zur Übung
- einen **Erklärfilm**

Cornelsen

À toi! 1

Carnet d'activités mit Audios und Erklärfilmen

Im Auftrag des Verlages erarbeitet von Catherine Jorißen

und der Redaktion Französisch Julia Goltz (Projektleitung), Nathalie Judic (Karlsruhe)
Rechteklärungen: Nicole S. Abt

Beratende Mitwirkung: Margit Engel (Oldenburg), Katrin Lange (Gotha), Madita Wermke (Hannover)

Umschlaggestaltung: Rosendahl Berlin – Agentur für Markendesign
Layout und technische Umsetzung: graphitecture book & edition

Auftragsillustrationen: Laëtitia Aynié S. 4 Mi.re., S. 8 un.re., S. 13 2–4, S. 14 ob.Mi+Schlange+Biene, S. 16 unten, S. 21 un. li., S. 25 ob.re., S. 26 unten alle, S. 26 Mitte alle, S. 38 2.li.+2.re.+3.li.+4.li., S. 44 4+5, S. 45 Mi.re., S. 50 Mi.re., S. 54 Mitte, S. 55 Mi.re., S. 57 6, S. 69 Mi.re., S. 72 ob.re., S. 76 Mi.re., S. 79 un.re+2.v.Mi.re., S. 80 alle, S. 85 9, S. 86 Mi.re., S. 87 alle, S. 89 ob.li., S. 92 alle, S. 93 un.li., S. 98 oben, S. 104 13+14, S. 129 ob.li., S. 131 ob.re.+3.v.ob.re.; **Céline Bailleux** S. 3 2.v.un.li., S. 5 ob.re., S. 11 5.2, S. 14 Mi.li., S. 19 un.1+2, S. 22 ob.li.+A-C, S. 23 Mitte+unten, S. 25 unten, S. 27 oben alle, S. 29 alle, S. 35 alle, S. 38 ob.re.+1.li.+1.re.+3.re.+4.re.+5.li.+5.re.+6.li.+6.re., S. 40 unten, S. 42 8+9, S. 44 3+6+9, S. 46 Mi.li.+un.re., S. 47 alle, S. 48 1-4, S. 49 alle, S. 50 A–F, S. 51 ob.li., S. 52 A, S. 57 10, S. 58 oben, S. 63 Mitte, S. 64 unten, S. 65 ob.li.+Mi.re., S. 67 un.re., S. 68 unten alle, S. 76 2.v.un.re., S. 77 1–4, S. 79 Mi.re., S. 81 alle, S. 84 alle, S. 88 ob.re., S. 89 Mi.li.+un.re., S. 95 Mi.re., S. 96 A-D, S. 97 oben, S. 98 1–7, S. 99 oben, S. 100 1+2, S. 101 Mitte alle, S. 102 1–6, S. 104 alle bis auf 13+14, S. 105 oben+1+2, S. 106 3-6, S. 107 alle, S. 115 1–5, S. 125 re.Mi., S. 126 li.ob.+Mi.+li.un.+re.un., S. 129 ob.li., S. 130 3.v.ob.re.; **Laurent Lalo** S. 5 Mi.re., S. 44 2+7+8, S. 57 alle außer 6+10, S. 73 ob.re.+un.re., S. 90 un.re., S. 101 unten alle, S. 112 unten, S. 113 Mitte, S. 117 alle, S. 121 ob.li., S. 122 ob.re., S. 128 un.re. Dosen, S. 130 re.alle außer Basketball+un.re.; S. 131 un.li. alle+re. alle außer Bett+Schreibtisch; **Auftragskarten: Volkhard Binder** S. 31; **Auftragsfotos: BUZZ Production/Laurence Uzel** S. 32 alle, S. 33 ob.li., S. 34 1+2.ob., S. 36 1+3+4+6, S. 43 ob.li.+ob.re.+un.re., S. 54 unten alle, S. 78 Mitte, S. 109 ob.re.; **Auftragsfilmstills: Buzz Productions** S. 33 ob.re., S. 34 2.un., S. 36 2+5; **Gunnar Rossow Cinematography** S. 3 ob.li, S. 8 Mitte + S. 10 1 (Hintergrund adobe.stock: li. julie vercammen, Mi. thenatchdl, re. CECILE), S. 15 1A+1B, S. 93 ob.re

www.cornelsen.de

Druck: Mohn Media Mohndruck, Gütersloh

1. Auflage, 5. Druck 2026
Carnet d'activités (Fassung für Lernende)
ISBN 978-3-06-521222-9

1. Auflage, 3. Druck 2024
Carnet d'activités (Lehrkräftefassung)
ISBN 978-3-06-521363-9

Wegweiser

Dein ***À toi! Carnet d'activités*** folgt dem Aufbau des Schulbuches: Du kannst hier passend zu jeder Unité und zu den Modulen üben.

In der *Unité 1* trainierst du mit Marine und Léo weiter die **Dialoge** aus dem Buch.

In der Mitte des Heftes findest du alle **Symbole** aus dem Buch zum Üben. Schneide sie aus und bewahre sie in einem Briefumschlag auf.

▸ p. 1 — Ein Pfeil verweist auf eine **andere Seite**, hier die Seite 1 des Arbeitsheftes.

▸ p. 113 — Bei diesem Symbol schlage **dein Französischbuch** auf: die Seiten dort helfen dir weiter.

Vocabulaire — Zu jeder Partie A und B übst du auf diesen Seiten intensiv **Vokabeln**. Lerne sie auch mit Hilfe der Vokabelliste im Buch ab S. 113.

Grammaire — Zu jeder Partie A und B trainierst du hier die **Grammatik**.

Auf diesen Seiten trainierst du die einzelnen **Kompetenzen** Schritt für Schritt: *parler, écouter, lire, écrire*.

Pro Unité übt ihr zu zweit mit einem **Tandembogen**. Dein/-e Partner/-in sieht deine Lösungen und kann dir so helfen.

Zu allen Hörübungen findest du die **Audios** in der Cornelsen Lernen App
▸ s. Seite 1

mittlere Aufgabe
anspruchsvollere Aufgabe

Schätze deine Leistung mit Hilfe dieser Ampel nach jeder Übung selbst ein.
- Das Lösen der Aufgabe fiel mir schwer.
- Ich war mir nicht ganz sicher.
- Diese Aufgabe ist mir leichtgefallen.

Révisions — TESTE DICH!
Im Anschluss an jede *Unité* findest du Seiten mit Checkaufgaben, anhand derer du deinen Lernstand überprüfen kannst.
Die Lösungen stehen hinten im Heft (S. 132–135).

Beim Lernen und Üben unterstützen dich auch hier die **Erklärfilme**.

Ab Seite 117 findest du **Verbkarteikarten für alle Verben** aus *À toi! 1*.
Fülle sie aus, schneide sie aus und hefte sie ab.
Lerne damit die Verben und ihre Konjugation.

Mindmaps mit allen wichtigen Sätzen pro *Unité* zum Ausschneiden und Abheften findest du ab Seite 125.
Bewahre sie gut auf! Sie unterstützen dich auch im kommenden Schuljahr.

À toi ! – Le quiz

Mit diesem **Quiz** lernst du dein **Französischbuch** kennen. Blättere darin, um alle Fragen beantworten zu können.

Du kannst mit einem Partner / einer Partnerin arbeiten.

1

Wie viele *Unités* (Lerneinheiten) und wie viele *Modules* (Module) gibt es?

Es gibt _____ *Unités* und _____ *Modules*.

2

a **Ab welcher Seite lernst du die fünf französischen Jugendlichen kennen, die dich durch das Buch begleiten?**

In Unité _____ auf den Seiten _____.

b **Wie heißen sie? Finde die fünf Namen heraus!**

☐ Paul ☐ Gabin ☐ Noah ☐ Idriss ☐ Lili-Rose

☐ Jeanne ☐ Lila ☐ Noé ☐ Mattéo

3

a **Zu deinem Buch gibt es viele Filme und Hörtexte. Wie kannst du sie ansehen/anhören? Wo stehen die Hinweise dazu in deinem Buch?**

Auf der Seite _____.

b **Welches Symbol im Buch steht für Hörtexte, welches für Filme? Ordne zu. Achtung: ein Symbol bleibt übrig!**

- (Lautsprecher-Symbol) •
- (Play-Symbol) •
- (Kreis-Symbol) •

• Film

• Audio

c **Was verbirgt sich hinter dem Symbol, was in b übrig ist? Kreuze an.**

☐ Umwelttipps ☐ Infos zu Frankreich

☐ Infos zu den fünf Jugendlichen

4

Wenn du etwas nicht gut verstanden hast, kannst du Erklärfilme anschauen. Finde drei Seiten, auf denen dir Erklärfilme angeboten werden.

Z. B. auf den Seiten _____, _____, _____.

5

Um Französisch zu lernen, musst du regelmäßig Vokabeln lernen. Aber wie? Finde eine Seite im Buch, auf der du verschiedene Tipps dazu findest.

Auf der Seite: _____.

6

a In der Vokabelliste ab Seite 113 findest du alle Vokabeln zum Lernen.

Wie viele Spalten hat sie? Kreuze an:

☐ 2 ☐ 3 ☐ 4 ☐ 5

b Was steht immer links?

Links steht:

____

Und was in der Mitte?

In der Mitte steht:

____

c In der rechten Spalte der Vokabelliste findest du passende Bilder oder Beispielsätze. Was aber steht hinter diesem Symbol?

 ______________________________

7

Finde heraus, was „*d'accord*" auf Deutsch heißt. Wo hast du die Information gefunden?

„*D'accord*" heißt ______________________________.

Info gefunden auf der Seite: ______________________________

8

Was heißt „die Sprache" auf Französisch? Wo hast du die Information gefunden?

„Die Sprache" heißt ______________________________.

Info gefunden auf der Seite:

______________________________.

9

a Finde dieses Bild in deinem Buch wieder. Auf welcher Seite hast du es gefunden?

Auf der Seite ______.

b Diese Seiten heißen „*Expressions utiles*". Kannst du dir denken, was das heißen könnte? Sieh dich um: Wozu könnten diese Seiten nützlich sein?

____

____

c Du kannst dir diese „*Expressions utiles*" auch auf Französisch anhören. Wo und wie?

____

____

10

Du willst deine Hausnummer angeben. Wo findest du eine Übersicht zu den Zahlen bis 100?

Auf der Seite: ______

Unité 1 C'est parti !

1 le château de Neuschwanstein

2 l'Arc de Triomphe

3 le Mont-Saint-Michel

4 la philharmonie de l'Elbe

5 Notre-Dame de Paris

6 la porte de Brandebourg

7 l'Opéra Bastille

8 la cathédrale de Cologne

1 In Frankreich F oder in Deutschland D? Wo befinden sich diese Sehenswürdigkeiten? Recherchiere im Internet und schreibe F oder D an die Bilder.

2 a Du kennst schon eine Menge Wörter aus dem Französischen. Ordne diese französischen Wörter den Bildern zu.

1. le camembert	✓	4. le bonbon	☐	7. le parfum	☐
2. le croissant	☐	5. le café	☐	8. le porte-monnaie	☐
3. la crêpe	☐	6. le restaurant	☐	9. le garage	☐

b Hör zu. Erkennst du die Wörter wieder? Tippe auf das passende Bild.

c Kennst du noch weitere Wörter aus dem Französischen?

Tu t'appelles comment ?

▸ p. 10

1 **Retrouve l'ordre du dialogue.** | Bringe den Dialog in die richtige Reihenfolge. Nummeriere die Sprechblasen von 1 bis 7.

- [1] Salut !
- [ ] Je m'appelle Léo. Et toi ?
- [ ] À plus, Marine !
- [ ] Salut !

- [ ] À plus, Léo !
- [ ] Tu t'appelles comment ?
- [ ] Je m'appelle Marine.

2 **Retrouve et écris les mots.** | Finde die Wörter heraus und schreibe sie in die Umrisse hinein.

A	B
Salut !	Salut !
Tu t'appelles comment ?	Je m'appelle Léo. Et toi ?
Je m'appelle Marine.	À plus !
À plus !	

3 **Complète le dialogue.** | Vervollständige den Dialog auf Französisch.

1. Hallo!	S a l u t !
2. Wie heißt du?	Tu t'appelles _ _ _ _ _ _ _ ?
3. Ich heiße (*dein Vorname*).	Je m'appelle ______ .
4. Und du?	Et _ _ _ ?
5. Bis später!	À _ _ _ _ !

4 **Relie.** | Verbinde die Sätze mit den Symbolen.

Steht zusätzlich ein Fragezeichen ? hinter dem Symbol, stellst du eine Frage.

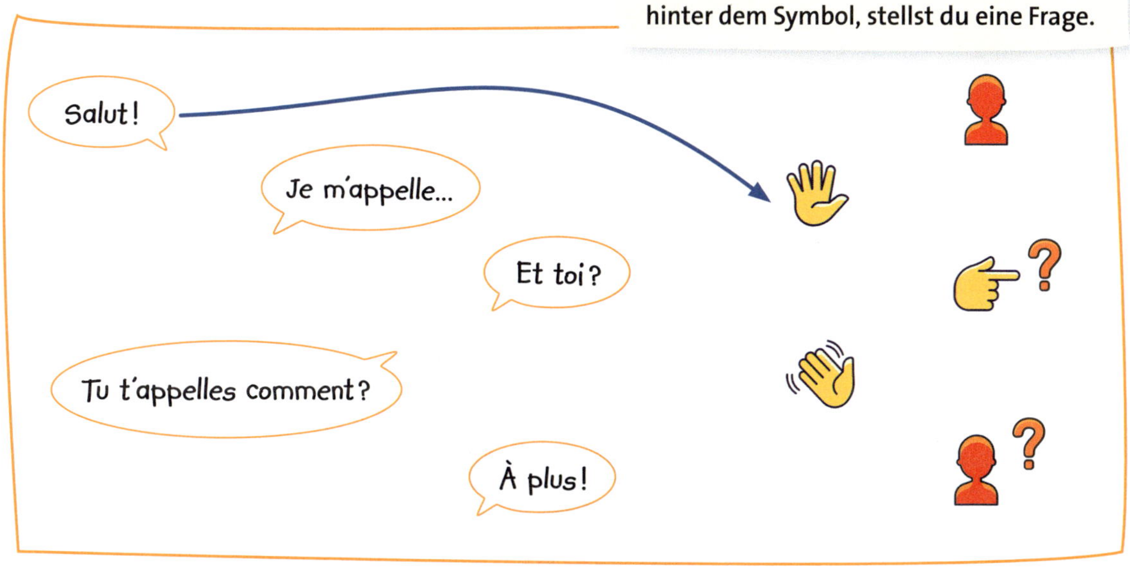

5 **Jouez le dialogue à deux.** | Spielt den Dialog zu zweit.

Alle Symbole findest du zum Ausschneiden in der Mitte des Heftes.

Ça va ?

1 **Écoute et relie.** | Was passt zusammen? Hör zu und verbinde.

1. (☹) → Bof.
2. (😀)
3. (🙂)

Super !

Ça va.

Bof.

2 **Complète les phrases.** | Wie geht es den Jugendlichen? Vervollständige die Sätze.

3 **Ça va ? Écoute et coche.** | Hör dir die drei Dialoge an und kreuze das richtige Symbol an.

	1		2		3	
	Marie	Théo	Gad	Lili	Myriam	David

	X					

4 **Relie.** | Verbinde die Wendungen mit dem richtigen Symbol.

▸ p. 12

- Bonjour Monsieur !
- À plus ! → Verabschiedung
- À demain !
- Salut !
- Au revoir, Madame !

 Begrüßung

 Verabschiedung

5 a [s] comme *salut*. **Écoute et complète les mots.** | Hör zu und vervollständige die Wörter.

1.  mon(s)ieur
2.  la cla◯◯e
3.  le ◯tade
4.  ◯alut !
5.  ◯a va ?
6.  ◯uper !
7.  ◯a ◯onne !
8.  À plu◯ !

Schreibe ◯ = s ◯ = ç
„ç" sprichst du wie „s" aus.

b **Écoute encore une fois et répète.** | Hör noch einmal zu und wiederhole.

▸ p. 12

6 a Retrouve les mots. | Finde die Wörter und Ausdrücke aus dem Liedtext auf Seite 12 in deinem Buch wieder.

T	A	S	A	L	U	T	M	W	Ç	A	S	O	N	N	E
O	I	L	A	C	L	A	S	S	E	B	A	Ç	A	V	A
E	S	P	E	T	T	O	I	G	À	D	E	M	A	I	N
A	U	R	E	V	O	I	R	O	B	O	N	J	O	U	R
N	E	M	O	N	S	I	E	U	R	T	S	U	P	E	R
M	A	D	A	M	E	D	O	M	I	F	À	P	L	U	S

▸ p. 12

b Complète la chanson. | Setze die Wörter aus a in den Liedtext ein.

Salut ! S a l u t ! Ça va ? __ __ ?
_____, __ ___ ? Ça va, ça va !
Ah, ça sonne ! Ah, __ _____ !
Salut ! À plus ! Salut ! _ ____ !
Salut et à demain ! Salut et à demain !

Bonjour, la classe ! _______, Madame !
Bonjour, __ ______ ! Bonjour, Monsieur !
Ah, ça sonne ! Ah, ça sonne !
Au revoir, ______ !
Au revoir, ________ !
Au revoir et à demain, __ ______
et _ ______ !

c Écoute et chante. | Hör nun das Lied an und singe mit.

7 a **Retrouve les dialogues.** | Stelle die vier Dialoge wieder her. Schreibe die Nummer der Sprechblasen zum passenden Satz.

1

- [ ] Bof…
- [ ] Ça va. Et toi ?
- [1] Salut ! Ça va ?

2

- [ ] À plus !
- [ ] Ça sonne ! Salut !

3

- [ ] Bonjour, Madame !
- [ ] Bonjour, Issa !

4

- [ ] Au revoir, Monsieur !
- [ ] Au revoir ! À demain !

b **Écoute la solution et corrige si nécessaire.** | Hör dir nun die Lösung an und korrigiere, wenn nötig.

8 **Jouez le dialogue à deux.** | Spielt den Dialog zu zweit.

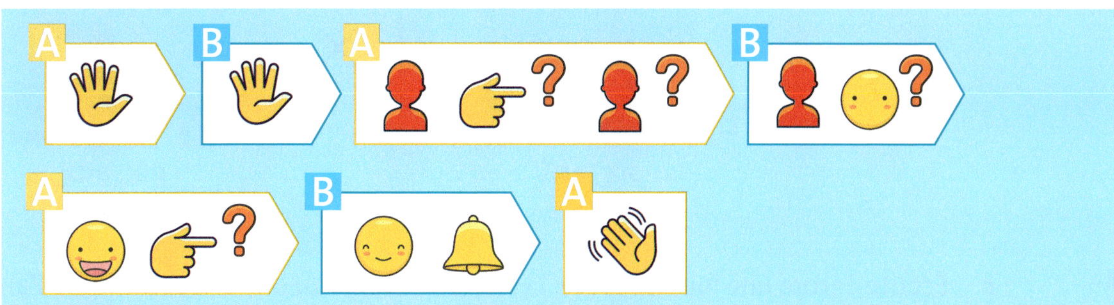

Tu as quel âge ?

▸ p. 13

1 **Qu'est-ce qui va ensemble ? Relie.** | Was passt zusammen? Verbinde.

dix-sept | huit | treize | dix-huit | six | cinq | vingt | trois | quinze | seize

deux | neuf | onze | quatorze | dix | quatre | sept | dix-neuf | un | douze

= ____________________

In der *Liste des mots* auf Seite 115 im Buch findest du heraus, wie „null" auf Französisch heißt.

2 a [s] **ou** [z] **? Écoute et coche la bonne colonne.** | Welchen Laut hörst du? Hör zu und kreuze die richtige Zeile an. Achtung: Manchmal hörst du beide Laute!

	5	6	7	10	11	12	13	15	16	18
 [s]	X									
 [z]										

six‿ans

[s] X
[z] ☐

dix‿ans

[s] ☐
[z] ☐

b **Écoute encore une fois et répète.** | Hör noch einmal zu und wiederhole die Zahlen.

3 **Bingo.** | Hör zu und umkreise die Nummern auf den Bingozetteln. Wer gewinnt?

BINGO

13	1	6	17
2	4	14	12
20	19	18	3
9	15	16	7

Bingo!

1

Ⓐ Marine ☐

BINGO

3	11	16	18
20	2	12	4
5	14	7	13
6	9	15	17

Ⓑ Léo ☐

BINGO

3	5	12	10
14	19	2	17
11	6	13	8
18	9	20	1

2

Ⓐ Gabriel ☐

BINGO

2	11	18	9
12	20	3	14
16	8	17	6
1	13	10	4

Ⓑ Emma ☐

BINGO

20	1	7	12
13	2	10	3
4	14	15	17
11	5	19	6

4 **Jouez.** | Spielt zusammen Bingo mit den Zahlen von 1–20.

5 **Écris les réponses.** | Wie alt sind sie? Schreibe die Antworten wie im Beispielsatz auf.

6 **Complète le dialogue.** | Finde heraus, was Amina und Tom sich erzählen und vervollständige ihr Gespräch.

Amina  13 ans

Tom  12 ans

1. Tu t'appelles comment ?
2. Je m'appelle Tom. Et toi ?
3. Je m'appelle Amina. Tu as quel âge ?
4. J'ai douze ans. Et toi ?
5. J'ai treize ans.
6. Ça va ?
7. Ça va. Et toi ?
8. Super !

7 a **Jouez le dialogue à deux.** | Spielt den Dialog zu zweit.

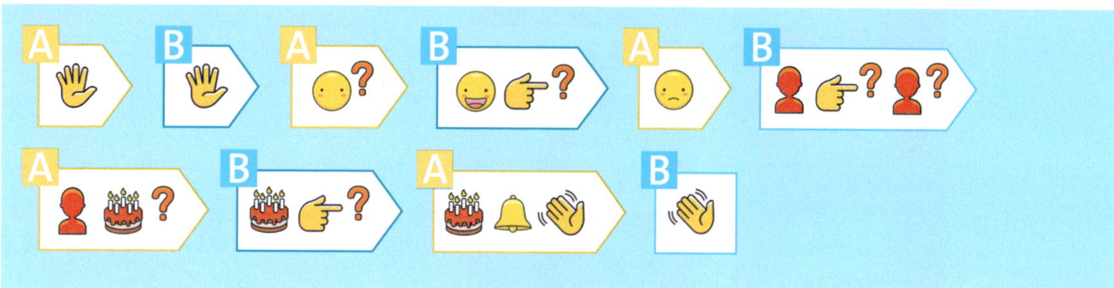

b Tauscht die Rollen und legt die Karten neu. Spielt den Dialog dann noch einmal.

Alle Symbole findest du zum Ausschneiden in der Mitte des Heftes.

Tu habites où ?

1 a C'est où ? | Schau dir erst die Frankreichkarte vorne in deinem Buch an. Ordne nun die Ziffern von der kleinen blauen Karte der richtigen Stadt zu.

Stadt	Ziffer
Marseille	
Paris	1
Lyon	
Brest	
Toulouse	

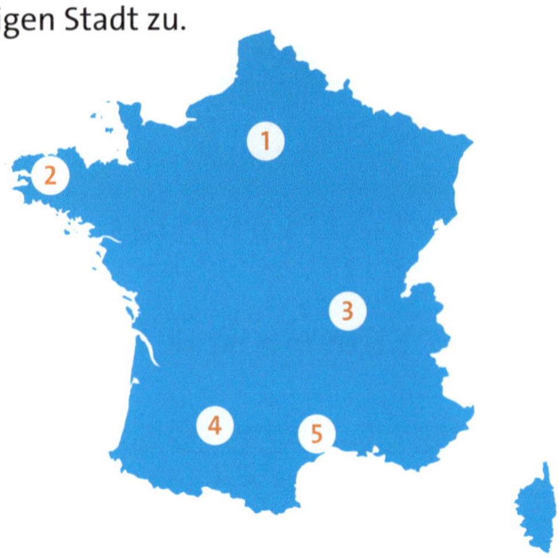

b Wenn du noch eine andere französische Stadt kennst, trage sie in die Karte ein.

2 a Écoute les phrases. | Hier stellen sich Jugendliche vor. Hör dir die Sätze erst an. Dann hör sie dir noch einmal an und murmele mit.

b Écris les noms de villes. | Schreibe die Städtenamen an die richtige Stelle.

Marseille – Toulouse – ~~Paris~~ – Brest – Lyon

1. Je m'appelle Marie et j'habite à Paris.

2. Je m'appelle Ernest et j'habite à ______________________

3. Je m'appelle Léon et j'habite à ______________________

4. Je m'appelle Mireille et j'habite à ______________________

5. Je m'appelle Faïrouz et j'habite à ______________________

3 a **Qui habite où ?** | Wer wohnt wo? Hör zu und lies mit. Kreuze die richtige Fahne an.

1 Jan, Francfort — Allemagne ☒ France ☐

2 Annika, Hanovre — Allemagne ☐ France ☐

3 Karim, Lyon — Allemagne ☐ France ☐

4 Lina, Munich — Allemagne ☐ France ☐

5 Emma, Marseille — Allemagne ☐ France ☐

6 Sami, Toulouse — Allemagne ☐ France ☐

b **Tu habites où ?** | Wählt eine Person aus a aus. Dann stellt ihr Fragen und antwortet.

1. Tu habites où ?

3. Tu t'appelles Jan ?

2. J'habite en Allemagne, à Francfort.

4 **Complète les phrases.** | Vervollständige die Sätze.

5 a Retrouve l'ordre du dialogue. | Bringe den Dialog in die richtige Reihenfolge.

- [ ] Je m'appelle Sami. Et toi ?
- [1] Salut !
- [ ] À plus, Tal !
- [ ] J'habite en Allemagne, à Leipzig. À plus !
- [ ] Je m'appelle Tal. Tu as quel âge ?
- [ ] J'ai 12 ans. Tu habites où ?
- [2] Salut ! Tu t'appelles comment ?
- [ ] J'habite à Toulouse. Et toi ?
- [ ] J'ai 13 ans. Et toi ?

b Écoute la solution et corrige si nécessaire. | Hör dir die Lösung an und korrigiere, wenn nötig.

6 Complète le dialogue. | Vervollständige den Dialog mit den fehlenden Wörtern und Zeichen.

à • à • À • âge • ~~t'~~ • en • en • J' • J' • J'ai • m' • toi • où

1. Salut ! Tu [t'] appelles comment ? →	2. Je [ ] appelle Klara. Et toi ?
3. Je m'appelle Mehdi. Tu as quel [ ][ ][ ] ? →	4. [ ] ai 13 ans. Et toi ?
5. [ ][ ][ ] 14 ans. Tu habites où ? →	6. J'habite [ ] Fribourg.
7. Ah, tu habites [ ][ ] Allemagne ! →	8. Et [ ][ ][ ] ? Tu habites [ ][ ] ?
9. [ ] habite [ ][ ] France, [ ] Sarrebourg ! →	10. [ ] plus, Mehdi !

7 **C'est qui ?** | Wer stellt sich hier vor, Mehdi oder Klara aus Übung 6? Finde die drei Sätze wieder und schreibe sie auf. Füge den richtigen Namen und die fehlenden Punkte hinzu.

Jem'appelle _ J'aitreizeansJ'habiteenAllemagneàFribourg

Je m'appelle ______________________________

____

____

8 **Jouez le dialogue à deux.** | Spielt den Dialog zu zweit.

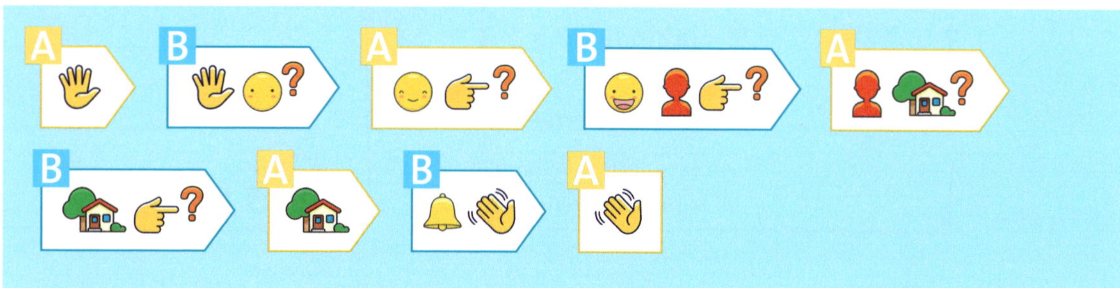

9 **Salut l'artiste !** | Noémi aus Paris hat für dich ein Schild ihrer Stadt künstlerisch gestaltet. Gestalte ein Schild deines Wohnortes für sie.

Tu es en cinquième ?

▸ p. 16

Mit 11 gehen alle Schüler/-innen in Frankreich auf das *collège*.
Das ist eine Art Gesamtschule mit vier Klassenstufen: 6. – 5. – 4. – 3. Klasse.
Fällt dir etwas auf?
Genau! In Frankreich werden die Klassen rückwärts gezählt.

1 Schreibe die deutschen Klassenstufen neben die französischen:

6ᵉ = la sixième	die 6. Klasse
5ᵉ = la cinquième	________
4ᵉ = la quatrième	________
3ᵉ = la troisième	die 9. Klasse

2 Écoute. | Hör zu und schreibe die richtige Zahl zum passenden Bild.
Achtung: Ein Bild bleibt übrig!

Hör dir die Dialoge so oft an, bis du das passende Bild gefunden hast.

3 **Complète les phrases.** | Vervollständige die Sätze.

4 **Entraîne-toi au dialogue.** | Hör zu und sprich nach dem Tonsignal nach.

A: Salut !

B: Salut !

A: Tu as quel âge ?

B: J'ai 13 ans.

A: Je suis en cinquième. Et toi ?

B: Moi aussi, je suis en cinquième.

A: Ah d'accord. À plus !

B: À plus !

5 **Jouez le dialogue à deux.** | Spielt den Dialog zu zweit.

Tu parles quelles langues ?

1 a **Tu parles quelles langues ?** | Hör dir an, welche Sprachen die Personen sprechen. Kreuze die richtigen Fahnen an.

b **Wer spricht die meisten Sprachen?**

____

2 **Retrouve l'ordre des dialogues.** | Bringe die Dialoge in die richtige Reihenfolge.

①
- [ ] – Je parle français et espagnol.
- [ ] – Oui, je parle un peu arabe. Et toi ?
- [1] – Dounia, tu parles arabe ?

②
- [ ] – Moi aussi !
- [ ] – Lukas, tu parles quelles langues ?
- [ ] – Je parle allemand et anglais. Et je parle français ! Et toi ?

3 a Écoute et complète. | Hör dir die Dialoge an und vervollständige die Wörter.

1 – Lisa, tu parles quelles langues ?

– Moi, je parle français et anglais.

Et je parle aussi allemand.

– Ah, d'accord !

2 – Et toi, Jérôme, tu parles quelles langues ?

– Moi, je parle français, allemand

et un peu anglais.

– Trois langues, c'est super !

b Écoute et répète. | Jetzt hör noch einmal zu und sprich die Dialoge von a nach.

4 Et toi, tu parles quelles langues ? |
Und du? Welche Sprachen sprichst du?

Moi, je parle ____________________

____

Schau im Buch auf Seite 116 nach und wähle deine Sprache(n) aus.
Du kannst auch in einem Online-Wörterbuch nachschlagen. ▶ Méthodes, p. 109

5 Jouez le dialogue à deux. | Spielt den Dialog zu zweit.

J'aime les jeux vidéo et le chocolat !

1 a Lis les mots. | Einige Wörter ähneln sich im Deutschen, Englischen und Französischen. Welche Unterschiede gibt es? Markiere die Unterschiede in der Schreibweise.

Deutsch	English	Français
Salat	salad	salade
Schokolade	chocolate	chocolat
Musik	music	musique
Ratten	rats	rats
blau	blue	bleu

Nur im Deutschen werden Nomen groß geschrieben.

b Schau jetzt auf Seite 117 in deinem Buch nach: zwei Wörter schreibst du in allen Sprachen gleich – von der Großschreibung abgesehen: welche?

____

c Écoute les mots. | Hör dir die Wörter an. Streiche die Buchstaben durch, die man nicht ausspricht.

sport   chocolat   salade   chats   rats

2 Écris les noms dans la bonne colonne. | Schreibe die Nomen in die richtige Spalte.

les chats | ~~les jeux vidéo~~ | la musique | le rouge | le sport | la pizza | le chocolat | le noir | les rats | le bleu | la salade | les chiens

___	___	___	les jeux vidéo
___	___	___	___
___	___	___	___

3 **C’est qui ? Écoute et coche la solution.** | Wer ist wer? Hör zu und kreuze die Lösung an.

1 A ☐  B ☐ 

2 A ☐  B ☐ 

4 **Écoute et répète après le signal sonore.** | Hör zu und sprich nach dem Tonsignal nach.

1. 

2. 

3. 

4. 

5 **Sépare les mots et écris les phrases.** | Trenne die Wörter voneinander und schreibe die Sätze auf. Vergiss die Satzzeichen nicht!

1. J’aimeleschatslamusiqueetlechocolat

J’aime les chats, ____________________

2. J’aimelenoirmaisjen’aimepaslerouge

____

3. Jen’aimepaslesratsmaisj’aimeleschiens

____

6 Dalia se présente. | Dalia stellt sich vor. Vervollständige ihre Sätze auf Französisch.

1. Hallo!	_ _ _ _ _ !
2. Ich heiße Dalia.	_ _ _'_ _ _ _ _ _ _ Dalia.
3. Ich bin 13 Jahre alt.	J'ai 13 _ _ _ .
4. Ich wohne in Paris.	_'_ _ _ _ _ _ à Paris.
5. Ich bin in der 7. Klasse.	Je suis _ _ c i n q u i è m e .
6. Ich spreche Französisch und Deutsch.	Je _ _ _ _ _ français et allemand.
7. Ich mag Sport und Katzen.	_'_ _ _ _ le sport et les chats.
8. Aber ich mag keine Ratten!	_ _ _ _ je n'aime pas les rats !

7 Et toi ? | Und du? Was magst du? Was nicht? Schreibe auf.

♥				
⊗				

8 Jouez le dialogue à deux. | Spielt den Dialog zu zweit.

9 **Lis la BD.** | Lies den Comic. Was denkt Louis am Ende? Schreibe es in die letzte Denkblase.

▸ p. 22/23

1 a Complète le tableau. | Ergänze die Tabelle zu Frankreich und Deutschland mit Hilfe der Informationen auf den Seiten 22–23 in deinem Französisch-Buch.

	Frankreich	🏆	Deutschland	🏆
Fläche	632 734 km²	🏆		🏆
Einwohner/-innen		🏆		🏆
Hauptstadt (Einwohner)		🏆		🏆
Längster Fluss	la Loire (1006 km)	🏆		🏆
Höchster Berg		🏆		🏆
Nachbarländer		🏆		🏆

b Welches Land erhält die meisten Siegerpokale? Male sie aus oder kreise sie ein.

Die meisten Pokale erhält: ______________________

MK **2 Recherchiert im Internet.**

185 m • 151 m • 343 m • 161 m

1. Welche Brücke ist am höchsten?

Viaduc de Millau

____

Kochertalbrücke

____

2. Wo steht der höchste Kirchturm?

Münster in Ulm

____

Cathédrale de Rouen

____

▸ p. 23/2

3 **Complète.** | Ergänze deine persönliche Frankreichkarte.

La France

Bonjour de Paris !

▸ p. 24–25

1 **C'est qui ? Écris les prénoms.** | Wer ist das? Schreibe die Vornamen auf.

1 La fille, c'est qui ?

C'est Jeanne.

C'est l'amie de Lili-Rose.

2 Le garçon, c'est qui ?

C'est ______________________

C'est l'ami de ______________________

3 Le garçon, c'est qui ?

C'est ______________________

C'est l'ami de ______________________

4 La fille, c'est qui ?

C'est ______________________

C'est l'amie de ______________________

5 Le garçon, c'est qui ?

C'est ____________________

C'est l'ami de ____________________

6 C'est qui ?

C'est ____________________

C'est le chien de ____________________

Wie der Hund heißt und wem er gehört, erfährst du auf der Seite 26 in deinem Buch.

2 **Devine qui c'est.** | Rate, wer das ist. Kreuze die richtige Antwort an.

	Jeanne	Idriss	Gabin	Lili-Rose	Noé
1. Elle est en cinquième A et c'est l'amie de Jeanne. C'est...				X	
2. Il est en cinquième B et c'est l'ami de Jeanne et Idriss. C'est...					
3. C'est l'ami de Lili-Rose, Jeanne et Gabin. C'est...					
4. Il est en cinquième B et c'est l'ami de Gabin. C'est...					
5. C'est l'amie de Lili-Rose et de Gabin. C'est...					

Partie A

Vocabulaire

☒ **1** **C'est qui ?** | Welcher Satz ist richtig? Lies die Sätze und streiche den falschen Satz durch.

1

a Le garçon, c'est qui ?

~~La fille, c'est qui ?~~

b C'est Idriss. C'est l'amie de Gabin.

C'est Idriss. C'est l'ami de Gabin.

2

a Et la fille avec le chien, c'est qui ?

Et le garçon avec le chien, c'est qui ?

b Il s'appelle Lili-Rose.

Elle s'appelle Lili-Rose.

c Côtelette, c'est l'amie de Lili-Rose.

Côtelette, c'est l'ami de Lili-Rose.

☒ **2** **Fille ou garçon ?** | Mädchen oder Junge? Lies und kreuze die richtige Spalte an.

	🚺	🚹
1. C'est l'ami de Léo.	☐	☒
2. C'est mon amie.	☐	☐
3. C'est l'amie de Marine.	☐	☐
4. C'est mon ami.	☐	☐
5. La fille s'appelle Alix.	☐	☐
6. Le garçon s'appelle Dominique.	☐	☐

3 **Complète les deux dialogues.** | Was sagen sie? Vervollständige die zwei Dialoge.

– Le garçon, c'est qui ?

– C'est Van. C'est l'ami de Marwa.

Il est en cinquième A.

– La fille, c'est qui ?

– C'est Marwa. C'est l'amie de Van.

Elle est en sixième B.

4 **Complète les phrases.** | Vervollständige die Sätze auf Französisch.

1. Viele Grüße aus Paris!	Bonjour de Paris !
2. Willkommen im Viertel!	Bienvenue dans le ________ !
3. Hier ist mein Freund Medhi.	Voilà ___ ___ Medhi.
4. Und hier ist meine Freundin Nora.	Et voilà ___ ____ Nora.
5. Das sind Rex und Mirza. Es sind die Hunde von Nora.	Voilà Rex et Mirza. Ce sont ___ ______ de Nora.
6. Danke Marie!	_____ Marie !

▸ p. 26

5 **Retrouve les mots.** | Gabin stellt Noé seine Freunde vor. Finde heraus, was er sagt und vervollständige die Wörter.

○ = i ○ = e ○ = o
○ = u ○ = a

6 **Complète les dialogues.** | Vervollständige die Dialoge.
❗ Achtung: Ein Wort bleibt immer übrig!

1 à • de • en • ~~où~~

Paul

Tu habites [o][ù] ? 17:15

J'habite [ ] Paris,
[ ][ ] France. 17:19

2 à • de • de • Non

Sarah

Tu es [ ][ ] Paris ? 17:15

[ ][ ][ ], je suis
[ ][ ] Lyon. 17:19

3 Oui • non • cool • mais

Emily

Tu aimes Paris ? 17:15

[ ][ ][ ], j'aime Paris,
c'est [ ][ ][ ][ ],
[ ][ ][ ][ ] je n'aime
pas Lyon. 17:19

4 aussi • sympa • de • et • mais

Sam

Le garçon, c'est qui ? 😉 17:15

C'est Naïm. Il est
[ ][ ][ ][ ][ ] et
c'est mon ami ! 😍 17:19

Et le chien ? 17:20

C'est Rex, le chien [ ][ ]
Naïm [ ][ ] c'est
[ ][ ][ ][ ][ ]
mon ami ! 17:21

Grammaire

▸ p. 113–119

1 a **Souligne en bleu ou en rouge.** | Unterstreiche zuerst die männlichen Nomen blau und die weiblichen Nomen rot.

1. le garçon
2. ______ fille
3. ______ chien
4. ______ chat
5. ______ classe
6. ______ quartier
7. ______ tour
8. ______ stade
9. ______ sport
10. ______ musique

le garçon la fille
Im Französischen gibt es nur *le* für „der" und *la* für „die", aber keinen eigenen Artikel für „das".

b ***le***, ***la*** **? Complète.** | Setze nun den richtigen Artikel in a ein.

▸ p. 143

c **Welcher Artikel steht bei diesen drei Nomen? Schau auf Seite 143 in deinem Buch nach.**

______ ami ______ amie ______ Allemagne

2 **Singulier ou pluriel ? Écoute et coche.** | Singular (Einzahl) oder Plural (Mehrzahl)? Hör zu und kreuze das richtige Kästchen an.

1

☒ le garçon

☐ les garçons

2

☐ la fille

☐ les filles

3

☐ le chat

☐ les chats

4

☐ le chien

☐ les chiens

5

☐ la baguette

☐ les baguettes

6

☐ la tour

☐ les tours

p. 113–119

3 *le* ou *les* ? **Écris le bon article.** | Schreibe den richtigen Artikel auf.

Nomen werden im Plural mit „s" am Ende geschrieben.

1 __le__ quartier

2 _____ stade

3 _____ amis

4 _____ filles

5 _____ rat

6 _____ pizzas

ERKLÄRFILM

4 **Écris les noms au singulier.** | Schreibe die Nomen im Singular (Einzahl) auf.

1

les salades __la salade__

2

les chats _____

3

les filles _____

4

les chiens _____

5

les garçons ________

6

les amies ________

7
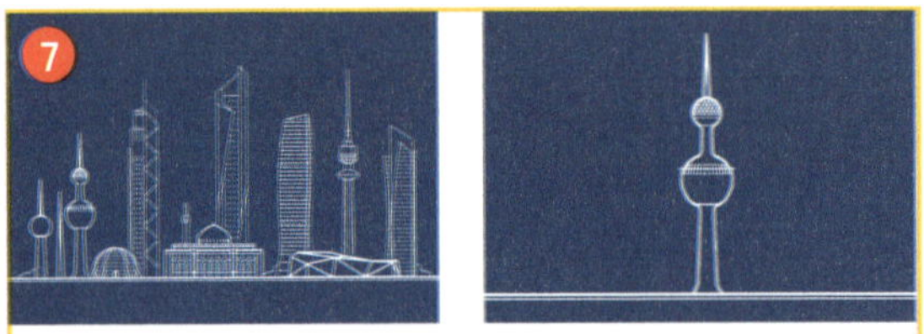

les tours ________

8

les pizzas ________

☒ **5** **Singulier ou pluriel ? Complète le dialogue.** | Singular (Einzahl) oder Plural (Mehrzahl)? Vervollständige den Dialog mit den Artikeln *le*, *la*, *l'* oder *les* und Plural *-s*.

1. – Les fille[s], ce sont Lili et Lou ?
2. – Non, ce sont Marie et Najat. Ce sont ______ amie[ ] de Fatoumata.
3. – Et ______ garçon, c'est Mamadou ?
4. – Non, c'est Matteo. C'est ______ ami de Tom. Il est dans ______ classe de Marie.
5. – Ah d'accord ! Et ______ chien, il s'appelle comment ?
6. – Il s'appelle Domino. C'est mon ami ! Moi, j'aime ______ chien[ ] ! Et toi ?
7. – Moi aussi, j'aime ______ chien[ ] et j'aime aussi ______ chat[ ] !

Écouter

1 **Du hörst gleich ein Gespräch. Bereite dich gut darauf vor: Wie sagst du, wie es dir geht? Verbinde die drei Begriffe mit den richtigen Smileys.**

1.  • • Bof.
2.  • • Ça va.
3.  • • Super !

2 **Lis d'abord les questions et écoute le dialogue.** | Lies erst die Fragen. Dann hör zu und kreuze die richtigen Antworten an.

(1) Wie viele Personen sprechen?

☐ 2 ☐ 3 ☐ 4

(2) Wie heißen sie?

☐ Paul ☐ Lili ☐ Léo ☐ Lou

(3) Wo sind sie?

☐  ☐  ☐ 

3 **Écoute le dialogue encore une fois et réponds.** | Hör noch einmal genau zu und antworte.

(1) Wer hat gute Laune? Wer hat schlechte Laune?

 ____________________  ____________________

(2) Ordne die Klassen den Namen zu.

Paul • • cinquième A

Lili • • sixième B

Lou • • cinquième B

(3) Lou ist die Freundin von ...

☐ Lili. ☐ Léo. ☐ Paul.

Parler

1 Stellt euch vor, ihr seid französische Schüler/-innen an einer Schule in Frankreich und es ist der erste Schultag. Ihr stellt euch gegenseitig Fragen und antwortet.

A

1. Begrüße B.

(2. Salut, ça va ?)

3. Sage, wie es dir geht. Frage B, wie es ihm/ihr geht.

(4. Ça va.)

5. Frage, wie B heißt.

(6. Je m'appelle… Et toi ? Tu t'appelles comment ?)

7. Sage, wie du heißt.

(8. Tu es en sixième ?)

9. Verneine und sage, dass du in der 7. Klasse bist.

(10. Ça sonne ! Salut / À plus !)

11. Verabschiede dich von B.

B

(1. Salut !)

2. Grüße zurück und frage A, wie es ihm/ihr geht.

(3. Super ! Et toi ?)

4. Sage, dass es dir gut geht.

(5. Tu t'appelles comment ?)

6. Sage, wie du heißt und frage nach dem Namen von A.

(7. Je m'appelle…)

8. Frage, ob A in der 6. Klasse ist.

(9. Non, je suis en cinquième.)

10. Sage, dass es klingelt und verabschiede dich von A.

(11. Salut / À plus !)

Partie B

Lire et comprendre

▸ p. 29

1 **Lis les messages et fais une fiche pour Idriss et Lili-Rose.** | Lies die Nachrichten auf Seite 29 in deinem Buch und fülle die Steckbriefe für Idriss und Lili-Rose aus.

Nom : Idriss

Adresse : ______

: ______

: ______

Collège : ______

Amis : ______

Club : ______

Nom : Lili-Rose

: 13 ans

Adresse : ______

: ______

______

: ______

Collège : ______

Amie : ______

Classe : ______

Langues : ______

Écouter et comprendre

▸ p. 30/3

2 **Noé se présente. Écoute et note.** | Noé stellt sich vor. Hör zu und fülle seinen Steckbrief aus.

Nom : Noé

Adresse : ______

: ______

Collège : ______

Classe : ______

Amis : ______

: ______

Vocabulaire

▸ p. 120

1 **Complète les mots croisés.** | Löse das Kreuzworträtsel.

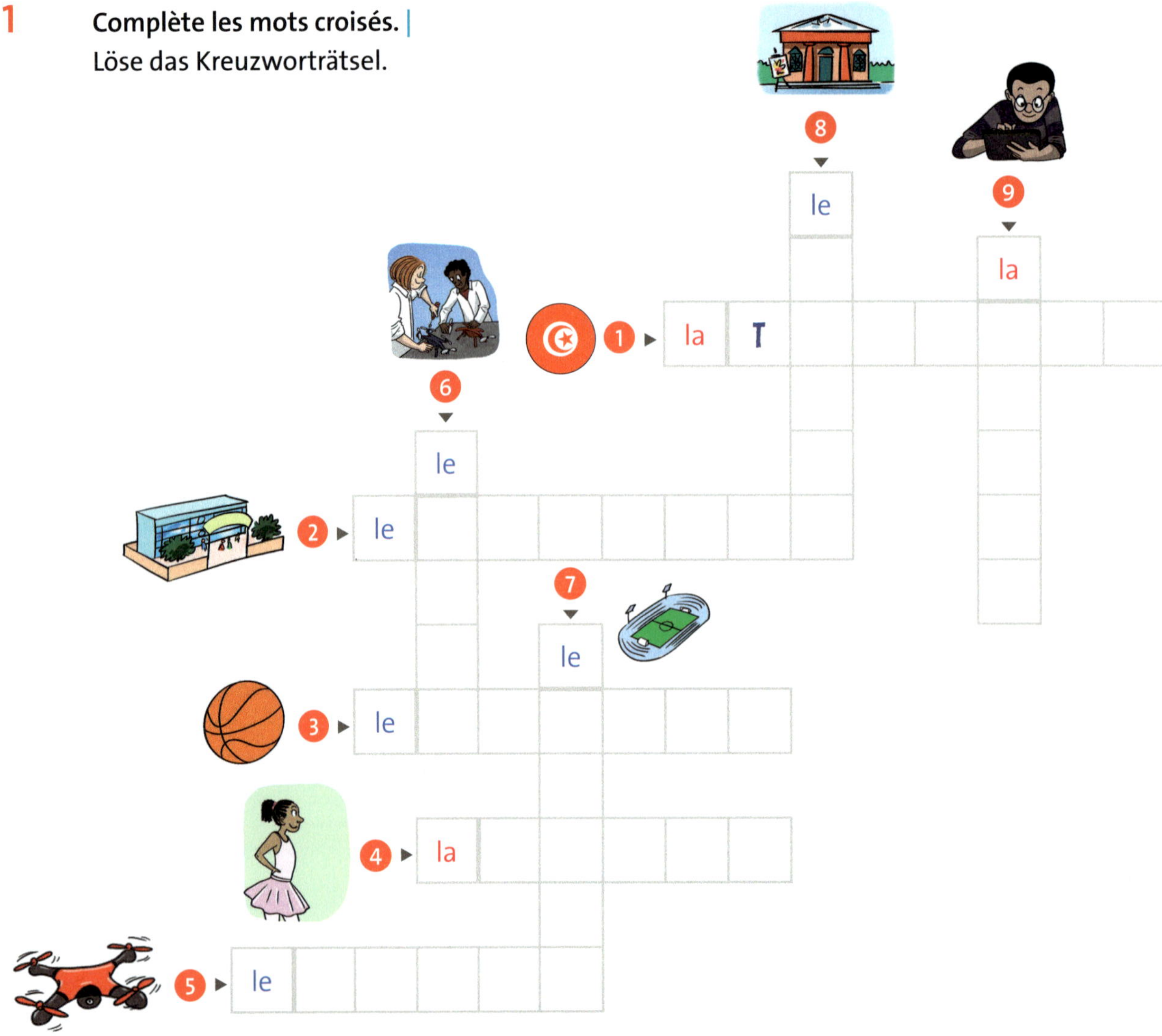

2 **Écoute et réponds.** | Hör zu und kreuze das richtige Bild an.

1. Il est de...
2. Il habite rue du...
3. Il aime...
4. Il aime aussi...
5. Il n'aime pas...
6. Il est dans le club de...

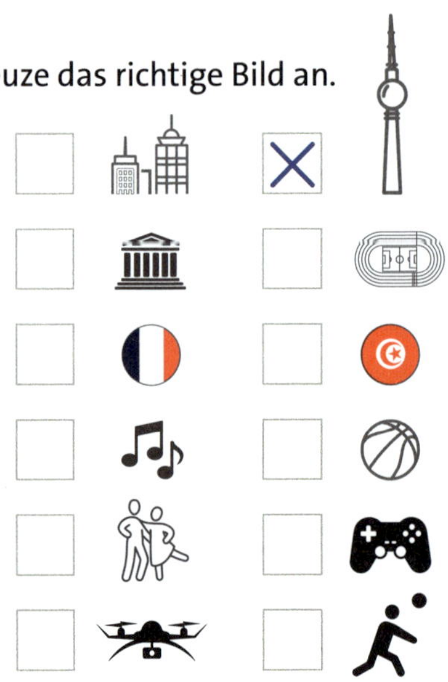

3 Complète les phrases. | Vervollständige die Sätze mit den passenden Wörtern.

▸ p. 120

~~drones~~ | collège | sympa | basket | ensemble | même | séries

1. Je suis au _ _ _ _ _ _ _ Paul Valéry.
2. Mon amie, c'est Dora. On est dans la _ _ _ _ classe.
3. On est aussi _ _ _ _ _ _ _ _ dans le club de danse.
4. J'aime les d r o n e s et les _ _ _ _ _ _.
5. Je n'aime pas le _ _ _ _ _ _.
6. J'aime les amis ! Ils sont _ _ _ _ _ !

4 é, è ou ê ? | Hör dir den Text an und lies mit. Ergänze é, è oder ê.

é • é • é • é • ~~è~~ • è • ê

Coucou et bonjour de Paris !
Je m'appelle Noah. J'habite rue de Lyon.
Je suis en sixi(è)me, au coll( )ge Anne Frank. Mon ami, c'est Fathi. On est dans la m( )me classe.
J'aime Paris et les mus( )es. J'aime les jeux vid( )o et les s( )ries. J'aime le sport, mais je n'aime pas le basket.
Je parle français, cr( )ole et un peu allemand. Et toi ?

Im Französischen sind die Akzente wichtig. Durch sie ändert sich die Aussprache:
(é) = ee (è) = ä (ê) = ä

5 **Jeanne se présente. Complète le texte.** | Jeanne stellt sich vor. Vervollständige den Text.

 Salut !  ____________ Jeanne et  ____________

à Paris.  ____________ 13 ans. Je suis en cinquième au collège Paul Valéry.

Mon amie, c'est Lili-Rose. On est dans la même classe. Lili-Rose est  ____________ !

 ____________ aussi Gabin, Idriss et Noé !

 ____________  ____________, mais  ____________

 ____________.  ____________ aussi le collège.

Grammaire

▸ p. 32/2

1 a **C'est qui ? Relie.** | Zu wem passt welcher Satz? Verbinde.

1. Il ____ est de Berlin.
2. ________ est de Paris.
3. ________ est au collège Paul Valéry.
4. ________ est au collège Thomas Mann.
5. ________ est dans le club de basket.
6. ________ est dans le club de drones.

b **Complète les phrases.** | Vervollständige nun die Sätze in a mit *Il* oder *Elle*.

▸ p. 32/2

2 *Ils* ou *Elles* ? | Unterstreiche zuerst alle männlichen Namen blau und alle weiblichen Namen rot. Dann ergänze die Sätze mit *Ils* oder *Elles*.

1. Voilà Idriss et Gabin. Ils ________ sont dans le club des drones.
2. Voilà Jeanne et Lili-Rose. ________ sont dans la même classe.
3. Voilà Gabin, Idriss et Jeanne. ________ sont au collège Paul Valéry.
4. Voilà Madame Ménard et Lili-Rose. ________ sont de Paris.
5. Voilà Idriss et Noé. ________ sont cool.

ERKLÄRFILM

3 **Écris les pronoms personnels.** | Schreibe die Personalpronomen auf.

je (suis)

nous (sommes)

tu (es)

vous (êtes)

il (est)

vous (êtes)

elle (est)

ils (sont)

on (est)

elles (sont)

4

Relie. | Verbinde. Danach hör zu und überprüfe deine Lösungen.

Je ①	Ⓐ sont cool.
Tu ②	Ⓑ êtes dans le club de danse ?
Elle ③	Ⓒ sommes dans la même classe.
Nous ④	Ⓓ suis dans le club de musique avec Nguyen et Paul.
Vous ⑤	Ⓔ est dans le club de drone.
Ils ⑥	Ⓕ es dans la classe de Lina ?

5

▸ p. 32/2

Complète les phrases. | Vervollständige die Sätze mit den richtigen Personalpronomen.

In den Ferien fahren viele Jugendliche aus ganz Frankreich in Ferienlager und lernen sich dort kennen.

je • tu • il • elle • on • nous • vous • ils • ils • elles

A

1. __________ est de Brest.
2. __________ est de Lyon.

B

– __________ es aussi de Marseille ?

– Non, __________ suis de Strasbourg.

C

1. __________ sont de Paris.
2. __________ sont de Lille.

D

– __________ êtes de Nantes ?

– Non, __________ sommes de Bordeaux.

☒ **6** a **Complète les phrases.** | Vervollständige die Sätze mit den Formen von *être*.

Je **suis** de Toulouse. Et toi ?
Tu ___ de Leipzig ?

1. Elle ___ en sixième B.
2. Il ___ en sixième A.
3. On ___ en cinquième.

– Nous ___ au collège Paul Valéry. Et vous ? Vous ___ au collège Anne Frank ?
– Oui, nous ___ au collège Anne Frank.

– Ils ___ dans la classe de Mila et Marie.
– Mila et Marie ? Elles ___ sympa !

b **Complète la fiche du verbe *être*.** | Fülle die Karteikarte von *être* auf S. 117 aus. ▸ Verbkartei, p. 117

☒ **7** **Complète les phrases.** | Vervollständige die Sätze mit den Formen von *être*.

▸ p. 32/2
ERKLÄRFILM

1. – Lili-Rose est en sixième A ? – Non, elle **est** ___ en cinquième A.
2. – Gabin est en cinquième B ? – Oui, il ___ dans la classe d'Idriss.
3. – Vous êtes dans le club de basket ? – Non, nous ___ dans le club de drones.
4. – Noé et Ali sont au collège Anne Frank ? – Non, ils ___ au collège Paul Valéry.
5. – Les filles sont de Paris ? – Non, elles ___ de Brest.
6. – Tu ___ au collège avec Gabriel ? – Oui, on ___ ensemble au collège !

Lire

1 Regarde et lis.

Regarde et lis. | Schau dir die Bilder an und lies die Sätze. Ordne jeden Satz seinem Bild zu.

A

B
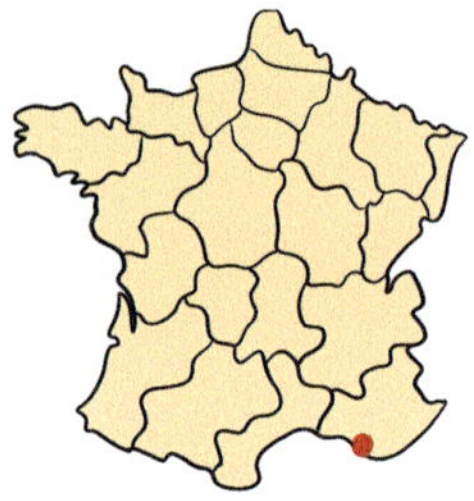

C

D

E

F

1. ☐ J'aime aussi les chats.
2. ☐ Je suis en cinquième au collège.
3. ☐ J'aime le sport, mais je n'aime pas la danse.
4. ☐ J'habite à Marseille.
5. ☐ Mon ami, c'est Bilal. Il est super !
6. A Salut ! Je m'appelle Juan et j'ai 13 ans.

2 Lis le message de Kenza.

Lis le message de Kenza. | Lies die Nachricht und fülle den Steckbrief für Kenza aus.

Bienvenue | Écoles et collèges | Projets | Contact

Salut, je m'appelle Kenza !

J'ai 13 ans. Je suis de Toulouse. Je suis en cinquième A. Mon amie, c'est Faïza. Elle est super ! Nous sommes dans la même classe. J'aime aussi Coumba, une fille de la cinquième B. Elle est cool ! Nous sommes ensemble dans le club de drones. J'aime les jeux vidéo, mais je n'aime pas le sport. J'aime les chiens, mais je n'aime pas les chats. Et toi ? À plus !

Kenza

Kenza

 : ________ ans

 : ________________

Classe : ________________

Amies : ________________

Club : ________________

 : ________________

____

 : ________________

Écrire

1 a **Voilà deux messages pour Kenza.** | Hier sind zwei Nachrichten für Kenza. Ergänze die Texte.

A j'ai • J'aime • J'habite • Je suis • Je m'appelle • je n'aime pas • Nous sommes • Ça va

Coucou Kenza ! ______ ? ______ Ben et ______ 13 ans. ______ à Cologne. ______ en cinquième, à la Realschule am Rhein. Mon ami, c'est Felix. ______ dans la même classe. Nous sommes aussi ensemble dans le club de drones. ______ les jeux vidéo et les séries, mais ______ les chats.

À plus ! Ben

B amie • À plus • les chats • musique • les rats • le sport • Salut

______ Kenza ! Moi, c'est Aaron. J'ai 12 ans. J'habite à Cologne. Je suis en cinquième, à la Realschule am Rhein. Mon ______, c'est Chiara. Nous sommes ensemble dans le club de ______.

J'aime la musique et  ______. J'aime aussi  ______, mais je n'aime pas  ______.

______ Aaron

Cologne ist der französische Name für ______.

b **Lis les messages.** | Lies die Nachrichten von Ben und Aaron. Wer passt besser zu Kenza? Begründe deine Antwort auf Deutsch. ______

▸p. 50/2

Wortschatz / Der bestimmte Artikel

1 a Écris les noms. | Finde die Nomen heraus und schreibe sie mit dem bestimmten Artikel auf.

b Relie. | Verbinde die Wörter dann mit dem richtigen Bild.

Le collège

Konsonanten	Vokale		
f l l	i e	1. la fille	A 
g r ç n	a o	2. ______	B 
c l b	u	3. ______	C 
c l s s	a e	4. ______	D 

Le quartier

Konsonanten	Vokale		
s t d	a e	1. ______	E 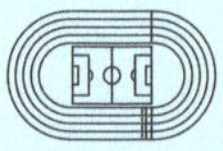
c l l g	o è e	2. ______	F 
t r	o u	3. ______	G 
m s	u é e	4. ______	H 

2 Mets les mots de 1 au pluriel. | Setze die Nomen von 1 in den Plural.

Le collège

1. les filles
2. ______
3. ______
4. ______

Le quartier

1. ______
2. ______
3. ______
4. ______

Die Lösungen findest du auf S. 132.

Die Personalpronomen und das Verb *être*

3 **Complète les phrases.** | Vervollständige die Sätze mit den Formen von *être*.

je suis • il est • nous sommes • ~~vous êtes~~ • ils sont • elles sont

1. – Bonjour, vous êtes ________ Madame Ménard ?

   – Non, je suis Madame Miro.

2. – Aminata, tu es dans la classe de Jeanne ?

   – Non, ________ dans la classe de Gabin.

3. – Idriss et Emma sont dans la classe de Lili-Rose ?

   – Non, ________ dans la classe de Gabin.

4. – Noé est en cinquième A ?

   – Non, ________ en cinquième B.

5. – Jeanne et Lili-Rose, vous êtes les amies de Paul ?

   – Non, ________ les amies d'Idriss !

6. – Miriam et Marine sont dans la classe de Léa ?

   – Oui, ________ aussi en sixième B.

Wie sagst du es auf Französisch?

4 **Relie.** | Verbinde.

Ich sage, wie ich heiße und woher ich komme. ①
Ich sage, in welcher Klasse ich bin. ②
Ich sage, an welcher Schule ich bin. ③
Ich stelle jemanden vor. ④
Ich sage, mit wem er/sie befreundet ist. ⑤
Ich sage, in welcher Klasse er/sie ist. ⑥

Ⓐ Il/Elle est en (*sixième*).
Ⓑ Je suis au collège (*Goethe*).
Ⓒ Voilà (*Adam*/*Mia*).
Ⓓ C'est l'ami / l'amie de (*Ben*).
Ⓔ Je suis en (*cinquième*).
Ⓕ Je m'appelle (*Sina*) et je suis de (*Berlin*).

Die Lösungen findest du auf S. 132.

Module A

1 a Écoute. | Hör zu und kreise die Buchstaben ein, die du hörst.

(A) B C D E F G H I J K L M N O P Q R S T U V W X Y Z

b Écoute. | Hör zu und kreuze an, welchen Buchstaben du hörst.

1	[ ] p	[x] g	4	[ ] h	[ ] a
2	[ ] c	[ ] s	5	[ ] q	[ ] u
3	[ ] i	[ ] j	6	[ ] v	[ ] w

2 Faites un test de vue. | Macht einen Sehtest. Partner A hält das Carnet d'activités, Partner B geht drei Schritte zurück und liest die Buchstaben. Wechselt euch ab.

U M P K Y H

O T A C N U W

G R S E Q B J X

I P Z M V D F O S

G T R Z I L Y A W B

3 Écoute : C'est qui ? | Hör zu und kreuze an, wessen Name hier buchstabiert wird.

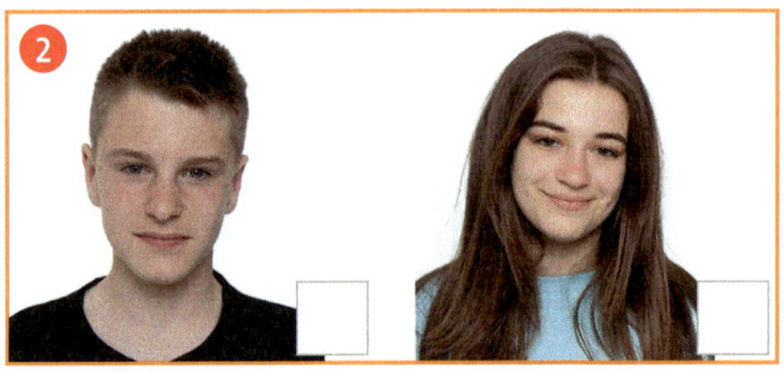

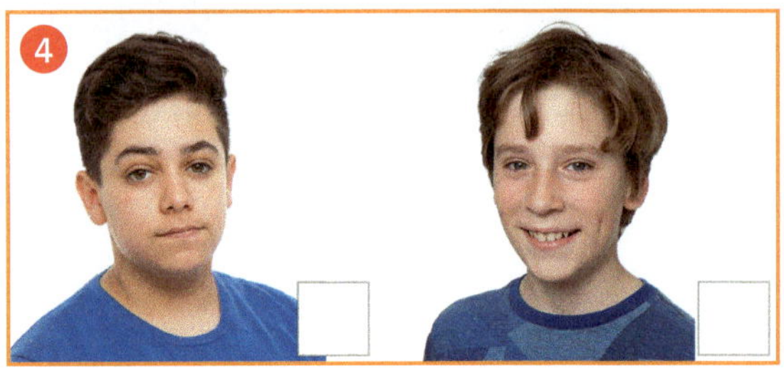

▸ p. 39/3

4 a **Relie.** | Wie buchstabierst diese Buchstaben und Zeichen auf Französisch? Verbinde.

ç	1	apostrophe
é	2	accent circonflexe
è	3	accent aigu
ê	4	accent grave
’	5	cédille

b **Complète le dialogue.** | Vervollständige den Dialog mit den richtigen Buchstaben oder Sonderzeichen.

ç • ç • ç • ’ • ’ • ’ • ’ • ’ • ’ • à • à • à • ê • ê • è • ù

Marie : Salut ! Ç__a va ? Je m__appelle Marie. Et toi ?

Diego : Moi, c__est Diego et voil____ mon ami. Il s__appelle Soan.

Marie : Vous ____tes les gar____ons de la cinqui____me A ?

Diego : Oui, on est dans la m____me classe.

Marie : J__habite ____ Paris, rue de Picpus et toi, tu habites o____ ?

Diego : J__habite aussi ____ Paris, rue de Marseille, mais je suis de Madrid.

Marie : Ah, d__accord ! Tu parles quelles langues ?

Diego : Je parle espagnol, fran____ais et un peu anglais.

5 a **Écoute et écris.** | Hör zu und schreibe die Nachnamen von Léa und Gad auf.

1

Je m’appelle Léa La__________.

2

Je m’appelle Gad __________.

b **Und wie buchstabierst du deinen Namen auf Französisch? Buchstabiert euch eure Namen gegenseitig.**

Dans le quartier Bastille

1 **Qu'est-ce qu'il y a dans le quartier ?** | Was gibt es im Stadtviertel? Beschrifte die Fotos.

1

2

3

4

5

6

7

8

▸ p. 42–43

2 a Écoute et complète la chanson. | Hör dir das Lied an und vervollständige den Text.

Qu'est-ce qu'il y a dans le quartier Bastille ?
Il y a un s__________,
il y a un c_____, le ______ Nation,
il y a une p______, la _______ de la Mairie,
il y a un c______, le _______ Paul Valéry.
Oui, le collège Paul Valéry,
et il y a aussi une b__________,
la ___________ de Madame Ménard.

Qu'est-ce qu'il y a d___ __ ________ Bastille ?
Il y a une g___ et des p____,
il y a un c_____ c_________,
et dans le ______ __________,
il y a des m_______.
Il y a des c____,
il y a des r__________,
il y a un m____
et il y a des p____,
il y a le m____ et il y a la Seine.
Oui, la Seine !

b Relie. | Verbinde die Nomen mit dem passenden Bild (1–10).

c Chante la chanson. | Singe das Lied und lerne die neuen Wörter auswendig.

Partie A

Vocabulaire

▸ p. 121–123

1 **Écris les phrases et les mots.** | Schreibe die Sätze und die Wörter mit dem richtigen Artikel auf.

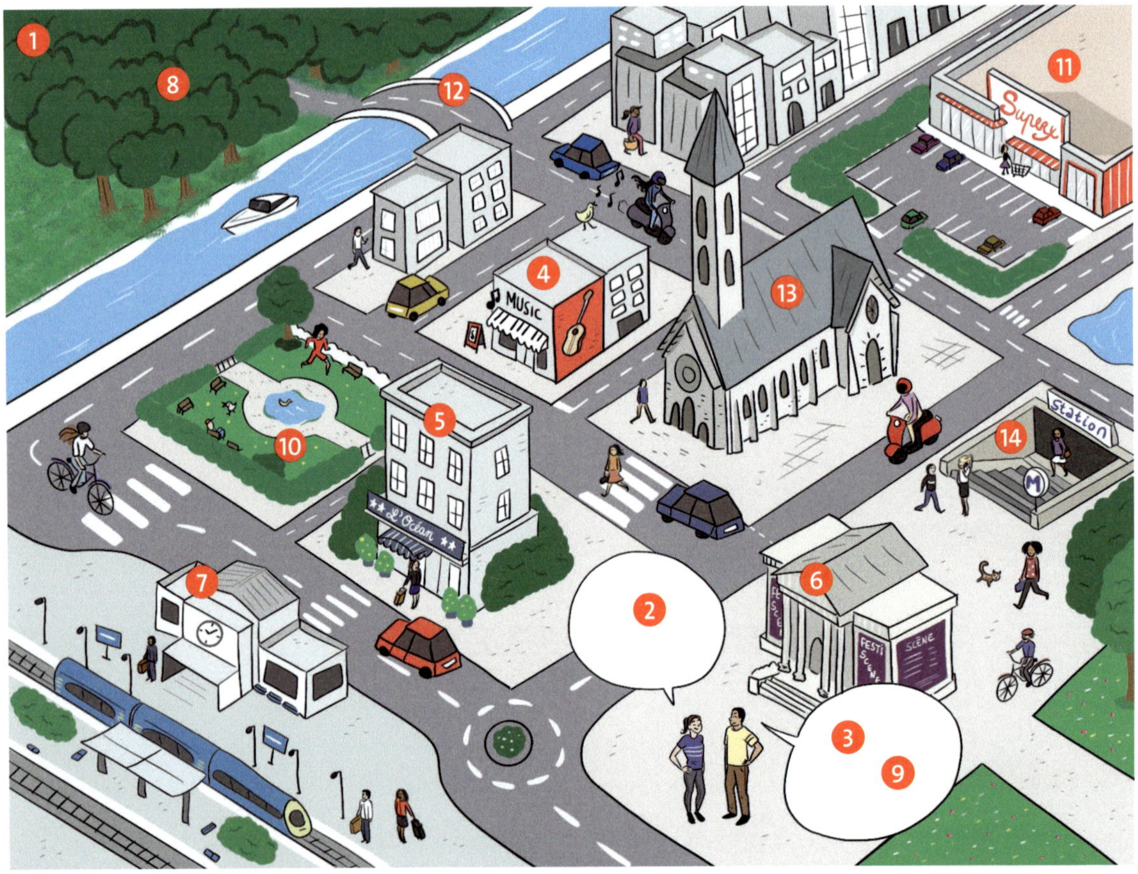

1 ein Viertel = un quartier

2 Was gibt es im Viertel? = ____________

3 Es gibt ... = ____________

4 ein Geschäft = ____________

5 ein Hotel = ____________

6 ein Theater = ____________

7 ein Bahnhof = ____________

8 die Natur = ____________

9 mein Lieblingsort = ____________

10 ein Park = ____________

11 ein Supermarkt = ____________

12 eine Brücke = ____________

13 eine Kathedrale = ____________

14 die U-Bahn = ____________

2 **Complète les phrases.** | Noémie und Amir stellen ihr Viertel vor. Vervollständige die Sätze mit Wörtern aus 1 (S. 58).

Dans le quartier, il y a un (11) supermarché ________,

une (13) ________ et un (6) ________.

C'est mon (9) ________!

Dans le quartier, il y a une (7) ________,

un (4) ________ de sport et un (10) ________.

C'est super pour les fans de (8) ________!

p. 121–123

3 **Complète les phrases.** | Vervollständige die Sätze.

1. Ich wohne im Bastille-Viertel. Im Viertel gibt es Geschäfte.	J'habite à Bastille. ☐☐☐☐ ☐☐ ☐☐☐☐☐☐☐☐, il y a des magasins.
2. Es gibt auch Kinos und Cafés.	☐☐ ☐ ☐ aussi des cinémas et des cafés.
3. Es gibt Bäckereien, zum Beispiel die Bäckerei „Le Croissant".	Il y a des boulangeries, ☐☐☐ ☐☐☐☐☐☐☐ la boulangerie « Le Croissant ».
4. Es gibt ein Stadion. Außerdem gibt es die *Coulée Verte*.	Il y a un stade. ☐☐ ☐☐☐☐, il y a la Coulée verte.
5. Es ist super für Naturfans!	C'est ☐☐☐☐☐ ☐☐☐☐ les fans de nature !
6. Die *Coulée verte* ist mein Lieblingsort!	La Coulée verte est ☐☐☐ ☐☐☐☐☐☐☐ ☐☐☐☐☐☐☐!

Grammaire

1 a **Retrouve les 10 mots.** | Finde 10 Wörter und kreise sie ein.

Kreise die weiblichen Wörter rot und die männlichen blau ein.

S	F	I	L	L	E	H	O	G	A	R	Ç	O	N	A	K
D	K	P	C	A	M	I	E	D	O	C	H	I	E	N	D
C	H	A	T	F	L	L	È	G	A	R	F	A	N	L	N
E	G	S	T	A	D	E	H	T	B	C	L	U	B	Ù	R
Ç	S	É	R	I	E	T	D	R	O	N	E	F	É	S	H

b **Écris les mots.** | Schreibe die Wörter aus a mit dem unbestimmten Artikel *un* oder *une* auf. Achtung: Zu einem Wort passen *un* und *une*!

1. une fille
2. ______ ______
3. ______ ______
4. ______ ______
5. ______ ______
6. ______ ______
7. ______ ______
8. ______ ______
9. ______ ______
10. ______ ______

Schreibe weibliche Wörter rot und männliche blau.

c **Écris les mots au pluriel.** | Schreibe die Wörter von b im Plural mit dem unbestimmten Artikel *des* auf.

1. des filles
2. ______ ______
3. ______ ______
4. ______ ______
5. ______ ______
6. ______ ______
7. ______ ______
8. ______ ______
9. ______ ______
10. ______ ______

des ist der unbestimmte französische Artikel im Plural. Was stimmt? Im Deutschen steht:
- ☐ *die.*
- ☐ kein Artikel.
- ☐ *der, die, das.*

2 a **Qu'est-ce qu'il y a dans le quartier ?** | Trenne erst die Wörter. Unterstreiche dann die Wörter im Plural.

cathédrale|cafés|restaurantmagasinsparcstade
cinémassupermarchéruesgarepiscineponts

ERKLÄRFILM

b **Écris les mots.** | Schreibe die Wörter von a mit dem Artikel *un*, *une* oder *des* auf.

1. une cathédrale
2. des cafés
3. ____
4. ____
5. ____
6. ____
7. ____
8. ____
9. ____
10. ____
11. ____
12. ____

3 a **Complète les phrases.** | Vervollständige die Sätze mit *un* oder *une*.

Dans le quartier, il y a un ____ parc, ____ supermarché, ____ boulangerie, ____ café et ____ gare.

Dans la rue de Brest, il y a ____ hôtel, ____ centre commercial, ____ magasin et ____ tour.

b **Complète les phrases.** | Vervollständige die Sätze mit *un*, *une* oder *des*.

Dans le centre commercial de Bercy, il y a des ____ magasins, ____ cafés, ____ restaurant et ____ boulangerie.

Au collège, il y a ____ filles et ____ garçons, ____ classes, ____ club de drones et ____ piscine.

Dans le quartier, il y a une ____ cathédrale, ____ tour et ____ gare. Il y a aussi ____ supermarché et ____ boulangeries !

3 A Grammaire

4 a **Complète le texte.** | Vervollständige den Text mit *un*, *une*, *des* oder *le*, *la*.

Beherrschst du die Artikel meisterhaft? Hier ist eine Herausforderung für dich!

Inès • 13 ans

Bonjour ! Je m'appelle Inès et je suis de Paris.

À Paris, il y a la Seine et __des__ ponts, par exemple __le__ pont des Arts. Il y a ________ cathédrale, ________ cathédrale Notre-Dame. Il y a aussi ________ musées, par exemple ________ musée des Arts forains. Il y a ________ gares, par exemple ________ gare de l'Est et, en plus, ________ piscines, par exemple ________ piscine Keller. Il y a aussi ________ tours, par exemple ________ tour Eiffel. J'habite à Bercy. Et à Bercy, il y a ________ parc, ________ parc de Bercy. C'est mon endroit préféré !

le pont des Arts

la gare de l'Est

le parc de Bercy

b **Écoute et compare.** | Hör dir den Text an und vergleiche deine Lösung mit dem Text.

Der Eiffelturm ist 324 m hoch. Er wird alle sieben Jahre von Bergsteigern/-innen neu gestrichen. Schätze, wie viel Farbe dafür verwendet wird: Sind es
☐ 12 ☐ 34 ☐ 60 Tonnen Farbe?

Lire

☒ **1** **Corrige le message de Fanta.** | Fanta hat dir eine Nachricht mit einem Bild ihres Viertels geschickt. Vergleiche das Bild mit dem Text und finde 2 Fehler im Text. Unterstreiche sie.

Fanta • 13 ans
Bonjour ! Dans le quartier, il y a un restaurant, deux cafés et un supermarché. Il y a aussi un cinéma, le Louxor. En plus, il y a un collège et un musée, le musée du chocolat. Il y a aussi un hôtel. En plus, il y a un parc dans le quartier. Et moi, j'aime la nature, alors, le parc, c'est mon endroit préféré. Dans le quartier, il y a aussi une cathédrale.

☒ **2** **Lies den Text und kreuze die richtigen Antworten an (1). Ergänze den Satz (2).**

Gad • 13 ans
Bonjour ! Je suis de Paris. J'habite 12 rue de Passy. Dans le quartier, il y a des magasins et des cafés. En plus, il y a six restaurants et un cinéma. Il y a aussi un hôtel, l'hôtel Eiffel. En plus, il y a un stade. C'est super pour les fans de sport. Et moi, j'aime le sport alors c'est mon endroit préféré.

1. Dans le quartier, il y a...

2. Gad : Mon endroit préféré, c'est ____________________ parce que j' ❤ ____________

____________________________.

Écrire

1 **Qu'est-ce qui va ensemble ? Relie.** | Was passt zusammen? Verbinde.

un hôtel 1	A la nature
une gare 2	B un restaurant
une boulangerie 3	C un TGV
un centre commercial 4	D des fans
un parc 5	E des magasins
un stade 6	F des baguettes

2 **Décris le dessin.** | Was gibt es in dem Stadtviertel? Beschreibe die Zeichnung. Nach dem Schreiben: prüfe und hake ab, ob du alles erledigt hast:

1. ☐ **5 Orte** genannt
2. ☐ bei **2 Orten** gesagt, welche Fans sie mögen
3. ☐ meinen Lieblingsort genannt

Hast du auch daran gedacht,
☐ ***aussi,***
☐ ***en plus,***
☐ ***par exemple***
zu verwenden?

Dans le quartier, il y a...

Mit diesen Symbolkarten trainierst du Dialoge.
✂ Schneide sie aus und bewahre sie in einem Briefumschlag auf.
Wähle zum Üben die Symbole bis zu der Unité, die ihr gerade im Unterricht behandelt, also z. B. bis *Unité 3* → Die Information steht auf der Rückseite der Kärtchen.

Variante 1

Legt einen Dialog mit Hilfe der Symbole. Dann sprecht den Dialog. A fängt an. B dreht das erste Kärtchen danach um und überprüft, ob A noch etwas verbessern kann. Dann ist B dran und A prüft usw. Ein Beispiel für eine Reihenfolge findet ihr z. B. auf der Seite 9, Aufgabe 5 in diesem Heft.

Variante 2
Ihr könnt auch Zufallsdialoge sprechen: zieht 3–10 Kärtchen aus dem Stapel und legt sie vor euch ab. Sprecht einen Dialog, in dem ihr alle Symbole vorkommen lasst, die vor euch liegen.

Variante 3
Mische die Kärtchen und lege sie auf einen Stapel mit dem Symbol nach oben. Ziehe eine Karte, sage, was das Symbol bedeutet, und kontrolliere mit Hilfe der Rückseite. Lösung richtig? Lege die Karte zur Seite. Lösung falsch? Lege die Karte wieder unter den Stapel. Weiter geht's!

À plus ! Unité 1	**À plus !** Unité 1	**Salut !** Unité 1	**Salut !** Unité 1
Et toi ? Unité 1	**Et toi ?** Unité 1	**Je m'appelle…** Unité 1	**Tu t'appelles comment ?** Unité 1
Ça va. Unité 1	**Ça va ?** Unité 1	**Et toi ?** Unité 1	**Et toi ?** Unité 1
J'ai… ans. Unité 1	**Tu as quel âge ?** Unité 1	**Bof.** Unité 1	**Super !** Unité 1

B

Mit diesen Symbolkarten trainierst du Dialoge.
✂ Schneide sie aus und bewahre sie in einem Briefumschlag auf.
Wähle zum Üben die Symbole bis zu der Unité, die ihr gerade im Unterricht behandelt, also z. B. bis *Unité 3* → Die Information steht auf der Rückseite der Kärtchen.

Variante 1

Legt einen Dialog mit Hilfe der Symbole. Dann sprecht den Dialog. A fängt an. B dreht das erste Kärtchen danach um und überprüft, ob A noch etwas verbessern kann. Dann ist B dran und A prüft usw. Ein Beispiel für eine Reihenfolge findet ihr z. B. auf der Seite 9, Aufgabe 5 in diesem Heft.

Variante 2
Ihr könnt auch Zufallsdialoge sprechen: zieht 3–10 Kärtchen aus dem Stapel und legt sie vor euch ab. Sprecht einen Dialog, in dem ihr alle Symbole vorkommen lasst, die vor euch liegen.

Variante 3
Mische die Kärtchen und lege sie auf einen Stapel mit dem Symbol nach oben. Ziehe eine Karte, sage, was das Symbol bedeutet, und kontrolliere mit Hilfe der Rückseite. Lösung richtig? Lege die Karte zur Seite. Lösung falsch? Lege die Karte wieder unter den Stapel. Weiter geht's!

À plus ! Unité 1	**À plus !** Unité 1	**Salut !** Unité 1	**Salut !** Unité 1
Et toi ? Unité 1	**Et toi ?** Unité 1	**Je m'appelle…** Unité 1	**Tu t'appelles comment ?** Unité 1
Ça va. Unité 1	**Ça va ?** Unité 1	**Et toi ?** Unité 1	**Et toi ?** Unité 1
J'ai… ans. Unité 1	**Tu as quel âge ?** Unité 1	**Bof.** Unité 1	**Super !** Unité 1

Tu as des frères et sœurs ? Unité 4	**Regarde…** Unité 4	**On passe d'abord par la boulangerie ?** Unité 4	**On regarde une série ?** Unité 3
J'adore… Je suis fan de… Unité 4	**Non, je n'ai pas d'animal. / Oui, j'ai un chien / un chat / des poissons / …** Unité 4	**Tu as un animal ?** Unité 4	**Oui, j'ai un frère / une sœur. / Non, je n'ai pas de frères et sœurs.** Unité 4
C'est la cata ! Unité 5	**Allô ?** *(nur am Telefon)* Unité 5	**Je déteste…** Unité 5	**Je préfère…** Unité 5
Alors regarde à droite de / à côté de… Unité 5	**Alors regarde à gauche de / à côté de…** Unité 5	**Je n'ai pas mon livre.** Unité 5	**Je n'ai pas mes clés.** Unité 5
Merci ! Unité 5	**J'arrive… J'arrive au collège dans une heure.** Unité 5	**Alors regarde sur…** Unité 5	**Alors regarde sous…** Unité 5

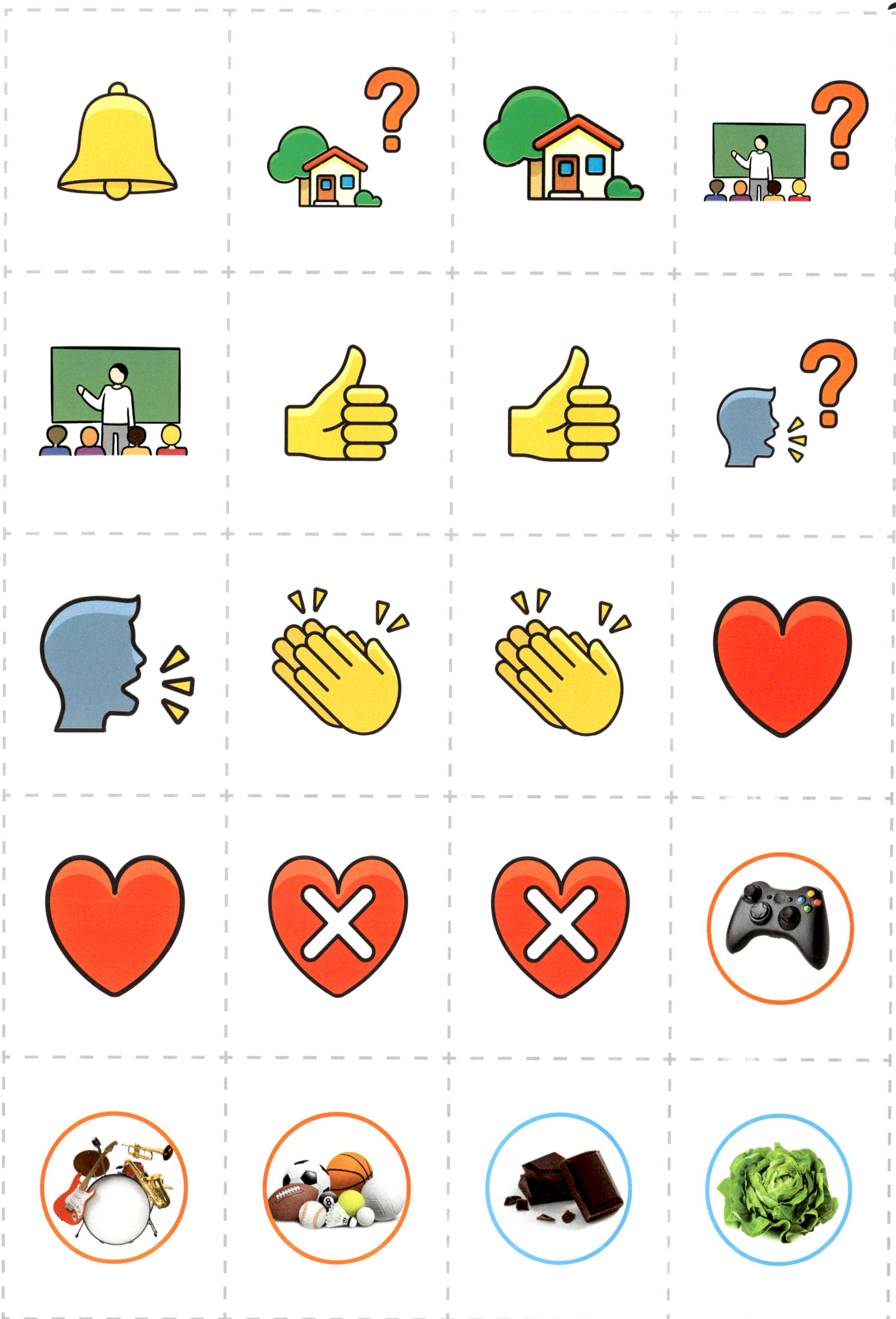

Tu es en cinquième ? Unité 1	J'habite... Unité 1	Tu habites où ? Unité 1	Ah, ça sonne ! Unité 1
Tu parles quelles langues ? Unité 1	Ah, d'accord. Unité 1	Ah, d'accord. Unité 1	Oui, je suis en cinquième A. / Non, je suis en... Unité 1
J'aime... Unité 1	C'est super ! Unité 1	C'est super ! Unité 1	Je parle... Unité 1
les jeux vidéo Unité 1	Je n'aime pas... Unité 1	Je n'aime pas... Unité 1	J'aime... Unité 1
la salade Unité 1	le chocolat Unité 1	le sport Unité 1	la musique Unité 1

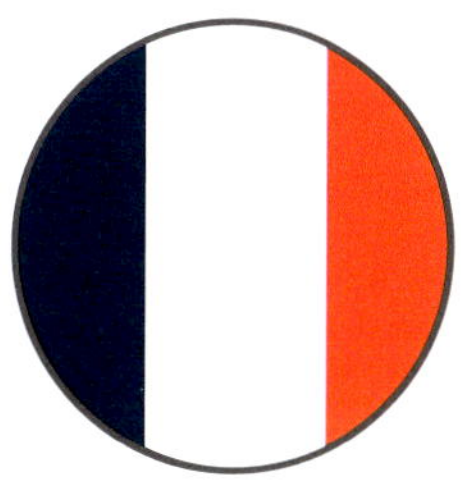

les rats Unité 1	les chiens Unité 1	les chats Unité 1	la pizza Unité 1
allemand Unité 1	le rouge Unité 1	le bleu Unité 1	le noir Unité 1
C'est qui ? Le garçon / La fille, c'est qui ? Unité 3	Je suis au collège… Unité 2	français Unité 2	anglais Unité 2
On écoute de la musique ? Module A, Unité 3	Alors, on rentre ensemble. Unité 3	On rentre ensemble ? Unité 3	C'est mon ami(e). / C'est l'ami de… Unité 3
C'est entre… et… Unité 3	C'est où ? / Où est/sont… ? Unité 3	Je ne sais pas. Unité 3	On passe par le parc ? Unité 3

Partie B

Vocabulaire

▸ p. 123–124

1 **C'est Lara ou Léonie ?** | Wer macht was? Verbinde die Sätze mit dem richtigen Bild.

1. Elle rentre à pied.
2. Elle passe par la gare.
3. Elle aime la pizza !
4. Elle regarde une série.

5. Elle écoute de la musique.
6. Elle habite à Berlin.
7. Elle parle allemand.
8. Elle aime la salade !

▸ p. 123–124

2 **Qu'est-ce qui va ensemble ? Relie.** | Was passt zusammen? Verbinde.

On rentre 1	A un épisode d'une série.
On passe 2	B rue de Marseille.
On aime 3	C de la musique.
On regarde 4	D les croissants.
On écoute 5	E ensemble.
On habite 6	F français et allemand.
On parle 7	G par le supermarché.

Vocabulaire

▸ p. 123–125

3 a Relie les mots. | Verbinde die Wörter mit ihrer Übersetzung.

à côté	wo ist das?
à pied	nebenan
bien sûr	wie
c'est où ?	mit dem Bus
comme	zu Fuß
d'abord	selbstverständlich
entre	ich weiß es nicht
je ne sais pas	zuerst
en bus	zusammen
ensemble	zwischen

b Complète le dialogue. | Vervollständige den Dialog.

1 bien sûr – comme – ~~ensemble~~

Elena : On rentre ensemble ___?

Kim : Oui, ___!

Nour : Tu habites où, Elena ?

Elena : J'habite rue de Toulouse, ___ Kim.

2 à côté – C'est où ? – en bus – entre

Nour : ___, la rue de Toulouse ?

Elena : C'est ___ la rue de la gare et la rue de la cathédrale.

Nour : Ah oui, c'est ___!

Alors, on rentre ___?

Elena : D'accord.

▸▸▸

3 à pied | d'abord | je ne sais pas

Lina : Ou on rentre ______________ ?

Kim : Bof, ______________ ...

Lina : Et on passe ______________ par la boulangerie ?

Elena et Nour : D'accord !

p. 123–125

4 **Complète les phrases.** | Vervollständige die Sätze.

1. Gehen wir zusammen nach Hause?	On rentre ________ .
2. Ich wohne in der Bahnhofsstraße 8.	_'______ 8 rue de la gare.
3. Wo ist die Hausnummer 8?	_'___ __ le numéro 8 ?
4. Das ist zwischen dem Supermarkt und dem Park.	C'est _____ le supermarché et le parc.
5. Fahrt ihr mit dem Bus nach Hause?	Vous rentrez __ ___ ?
6. Nein, wir gehen zu Fuß nach Hause.	Non, nous rentrons _ ____ .
7. Hört ihr Musik?	Vous écoutez __ __ _______ ?
8. Nein, wir gucken eine Folge von „Twins".	Non, on regarde __ _______ de « Twins ».
9. Ich möchte bitte zwei Croissants.	__ ________ deux croissants, s'il vous plaît.

Grammaire

1 **Relie.** | Verbinde die folgenden Verbformen.

ich sehe an	vous rentrez
du hörst	je regarde
er wohnt	elle cherche
sie sucht	nous parlons
wir sprechen	ils aiment
ihr geht nach Hause	il habite
sie mögen	tu écoutes

ERKLÄRFILM

2 a **Complète.** | Vervollständige die Verbformen und die deutsche Übersetzung.

Die regelmäßigen Verben auf *-er* haben immer die gleichen Endungen.
-e, -es, -e, -ons, -ez, -ent

		parler	sprechen
Singular	1.	je parle	ich spreche
	2.	tu parl___	du ___
	3.	il/elle/on parl___	er/sie/man ___
Plural	1.	nous parl___	wir ___
	2.	vous parl___	ihr ___
	3.	ils/elles parl___	sie ___

b **Complète les fiches des verbes.** | Fülle die Karteikarten der Verben auf *-er* auf der Seite 117 aus. ▶ Verbkartei, p. 117

▸ p. 50/2

3 **Conjugue les verbes.** | Konjugiere die Verben und schreibe sie auf.

1. passer — je passe ________
2. écouter — tu ________
3. regarder — on ________
4. habiter — il/elle ________
5. aimer — nous ________
6. parler — vous ________
7. rentrer — ils/elles ________

Aus *je* wird *j'*, wenn das Verb mit Vokal beginnt z. B.: ***j'aime***, ***j'écoute***. Bei welchem anderen Verb ist das auch so?

____

▸ p. 110

4 **Écoute et complète.** | Hör zu und schreibe die fehlenden Verbformen auf.

LA CHANSONS DES VERBES EN *-ER*

Je regarde, tu regardes ________,
il regarde, elle regarde,
je r________, tu regardes,
on ________,
nous ________,
vous ________,
ils regardent, elles regardent

On h________ à Paris
Dans le quartier Bastille
J'é________ de la musique
Et tu écoutes aussi

Tu r________ avec moi
On a________ le chocolat
On p________ par la boulangerie
Et on r________ une série

J'écoute, tu é________,
il écoute, elle ________,
j'________,
tu écoutes, on écoute,
nous écoutons, vous ________,
ils écoutent, elles ________

5 **Complète les phrases.** | Vervollständige die Sätze mit den richtigen Verbformen.

▸ p. 50/2

regarde • regardes • rentre • écoute • aimons • passent • aimez • habitent • aiment

1. Après le collège, Leïla rentre ____________ avec Bintou.
2. Elles ____________ rue de Picpus.
3. Ilan et Paul ____________ la nature.
4. Alors, ils ____________ par la Coulée verte.
5. – Vous aussi, vous ____________ la nature ?
6. – Oui, et nous ____________ aussi la Coulée verte !
7. – Je ____________ un épisode de Rick et Morty.
8. – Et toi, tu ____________ la série Rick et Morty avec moi ?
9. – Oui, mais d'abord, on ____________ de la musique.

6 **Écoute et coche.** | Was hörst du? Kreuze an.

	A		B	
1.	Elle aime la nature.	☐	Elles aiment la nature.	☒
2.	Il aime les chats.	☐	Ils aiment les chats.	☐
3.	Il écoute de la musique.	☐	Ils écoutent de la musique	☐
4.	Elle écoute Issa.	☐	Elles écoutent Issa.	☐
5.	Il habite à Paris.	☐	Ils habitent à Paris.	☐
6.	Elle habite à côté.	☐	Elles habitent à côté.	☐

7 **Complète les phrases.** | Konjugiere die Verben und vervollständige die Sätze.

Coucou, je suis ____ (*être*) Pierre et j'____________ (*habiter*) à Paris. Mon ami, c'____________ (*être*) Nathan. Nous ____________ (*être*) dans la même classe. Nathan ____________ (*aimer*) la musique. Alors, nous ____________ (*écouter*) de la musique ensemble.

Écouter

1 a **Écoute et coche.** | Auf das Hören muss man sich vorbereiten: sich „erwärmen" wie beim Sport. Hier hörst du nur einzelne Sätze. Was hörst du? Kreuze an.

1. A ☐ Ils rentrent à pied. B ☐ Ils rentrent en bus.
2. A ☐ J'habite rue du parc. B ☐ J'habite rue du stade.
3. A ☐ J'habite 6 rue du parc. B ☐ J'habite 10 rue du parc.
4. A ☐ On passe d'abord par le supermarché. B ☐ On passe après par le supermarché.

b **Und noch eine „Erwärmung": Du wirst gleich einen Dialog zwischen Jugendlichen hören. Markiere alle Wörter, die zum Thema „Verabredung" passen.**

rentrer	chat	habiter	en cinquième	passer par
s'appelle	rue	à côté	entre	club
ensemble	à pied	d'accord	bienvenue	où

2 a **C'est parti ! Écoute.** | Jetzt geht's los! Hör zu und kreuze die richtige Antwort an.

1 Qui parle ?

☐ 2 personnes ☐ 3 personnes ☐ 4 personnes

2 Ce sont...

☐ Max ☐ Simon ☐ Clara ☐ Léonie ☐ Jacob

3 C'est où ?

☐ au collège ☐ dans la classe ☐ à la boulangerie

b **Écoute encore une fois.** | Hör noch einmal zu. Ergänze oder kreuze die richtige Antwort an.

1. Clara ______ habite rue du parc.

2. ______ habite rue du stade.

3. Ils rentrent ☐  ☐  ☐ 

4. Après, ils ☐  ☐  ☐  ☐ 

5. Ils passent d'abord par ☐  ☐  ☐ 

Parler

1 **Stellt euch vor, ihr seid französische Schüler/-innen an einer Schule in Frankreich. Nach der Schule unterhaltet ihr euch.**

A

1 Frage B, wo er/sie wohnt.

(2. J'habite 3 rue de Strasbourg).

3 Frage, wo das ist.

(4. C'est entre le stade et le centre commercial. Et toi, tu habites où ?)

5 Sage, dass du in der rue de Lyon 15 wohnst. Erkläre, dass es zwischen dem Kino und dem Bahnhof ist.

(6. C'est à côté !)

7 Sage, dass du das super findest. Frage B, ob ihr zusammen nach Hause geht.

(8. D'accord ! On rentre à pied ?)

9 Du bist einverstanden. Frage B, ob er/sie Croissants mag.

(10. Oui, bien sûr !)

11 Sage, dass ihr also bei der Bäckerei vorbei geht.

(12. On écoute de la musique ?)

13 Du stimmst zu und fragst, ob ihr danach eine Folge von Twins seht.

(14. Cool ! / D'accord !)

B

(1. Tu habites où ?)

2 Sage, dass du in der rue de Strasbourg 3 wohnst.

(3. C'est où ?)

4 Erkläre, dass es zwischen dem Stadion und dem Einkaufszentrum ist. Frage A, wo er/sie wohnt.

(5. J'habite 15 rue de Lyon. C'est entre le cinéma et la gare.)

6 Sage, dass das nebenan ist.

(7. Super ! On rentre ensemble ?)

8 Du bist einverstanden. Frage B, ob ihr zu Fuß nach Hause geht.

(9. D'accord ! Tu aimes les croissants ?)

10 Antworte: Ja, selbstverständlich!

(11. Alors, on passe par la boulangerie.)

12 Frage, ob ihr Musik hören wollt.

(13. Oui. Et après, on regarde un épisode de Twins ?)

14 Du stimmst zu.

Vocabulaire : La ville

1 **Retrouve et écris les noms.** | Finde die Nomen wieder und schreibe sie mit dem unbestimmten Artikel *un* oder *une* auf.

1. boulan	cine	une boulangerie
2. pis	gerie	___
3. super	sin	___
4. ga	marché	___
5. cathé	re	___
6. maga	drale	___

Der unbestimmte Artikel

2 **Coche le bon article.** | Kreuze den richtigen Artikel an.

1. À Bastille, il y a	☐ un	☐ une	☐ des	restaurants.
2. Dans le quartier, il y a aussi	☐ un	☐ une	☐ des	théâtres.
3. Dans la rue de la Bastille, il y a	☐ un	☐ une	☐ des	hôtel.
4. Elias habite à Bercy, dans	☐ un	☐ une	☐ des	tour.

Der bestimmte und der unbestimmte Artikel

3 **Complète le texte.** | Vervollständige den Text mit *le*, *la*, *l'* oder *un*, *une*, *des*.

Dans le ___ quartier, il y a ___ gare, c'est ___ gare de Lyon. Il y a ___ restaurants comme ___ restaurant de Madame Richard. Il y a ___ magasin de sport et ___ centre commercial. Il y aussi ___ piscine. Il y a aussi ___ boulangeries, par exemple, ___ boulangerie « Panette » Et il y a ___ hôtel, c'est ___ hôtel « Le Parisien ».

Die Lösungen findest du auf S. 133.

Die Verben auf *-er*

4 a **Complète les formes.** | Vervollständige die Verbformen.

je — rentr______

tu — habit______

il/elle/on — pass______

nous — parl______

vous — écout______

ils/elles — aim______

b **Complète les phrases.** | Vervollständige die Sätze mit Formen folgender Verben.

aimer • écouter • habiter • parler • ~~passer~~ • rentrer

1. Je passe______ par le parc.
2. Tu ______ les chiens ?
3. Lili ______ rue d'Aligre.
4. Jade et Enzo ______ de la musique.
5. Vous ______ français ?

6. Nous ______ ensemble après le collège.

Wie sagst du es auf Französisch?

5 **Relie.** | Verbinde.

Non, on rentre à pied. 1

D'accord. 2

Alors, on passe par la boulangerie? 3

Oui, bien sûr ! 4

On rentre ensemble ? 5

Vous rentrez en bus ? 6

Oui, je voudrais un croissant. 7

A Ich frage, ob wir zusammen nach Hause gehen.

B Ich sage ja, natürlich!

C Ich frage, ob ihr mit dem Bus nach Hause fahrt.

D Ich verneine: wir gehen zu Fuß heim.

E Ich frage, ob wir bei der Bäckerei vorbei gehen.

F Ich sage ja; ich möchte ein Croissant.

G Ich bin einverstanden.

Die Lösungen findest du auf S. 133.

Vocabulaire (Unités 1–3)

☒ **6** **Louis se présente. Complète son texte.** | Vervollständige den Text von Louis.

à • allemand • alors • dans • ~~de~~ • en • et • mais • sixième • sommes • sont

Je suis de ______ Francfort. J'habite ______ Niederrad.

Je parle ______, anglais, espagnol et un peu français.

Je suis en ______. Mon collège, c'est à côté, ______,

je rentre à pied. Je n'aime pas le collège, ______ il y a les amis !

Ils ______ cool ! Nous ______ ensemble ______

un club de basket. J'aime le basket ______ la danse !

Et toi ? Tu es ______ sixième ? Tu aimes le sport ?

Das Verb *être* (Unité 2)

☒ **7** **Complète les phrases.** | Ergänze die Sätze mit den Formen von *être*.

1. – Tu es ______ en France ?
2. – Oui, bien sûr ! Je ______ à Paris.
3. – Tu ______ une gare ?
4. – Je ______ une tour, je m'appelle Eiffel.
5. C'est qui ? C'______ la Tour Eiffel.

---

6. – Vous ______ à Berlin?
7. – Non, nous ______ à Paris.
8. – Ce sont des gares ?

   – Non, ce ______ des ponts, les ponts de la Seine.

Die Lösungen findest du auf S. 133.

Module B En cours de français

1 **Écris sept paires de mots.** | Was passt zusammen? Schreibe 7 Wortpaare zum Thema „*En cours*“ (Im Unterricht) auf. Achtung, zwei Wörter passen nicht dazu.

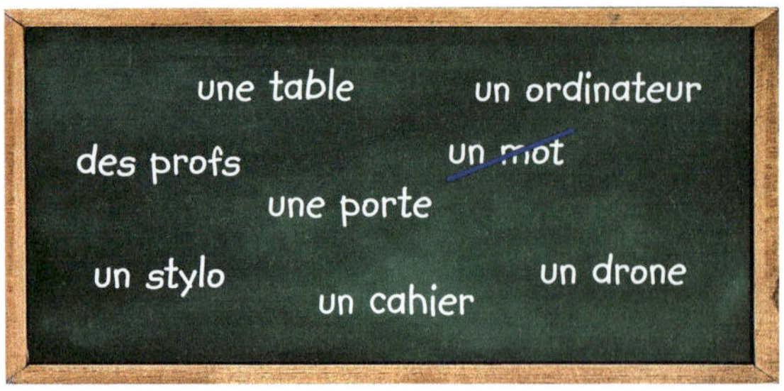

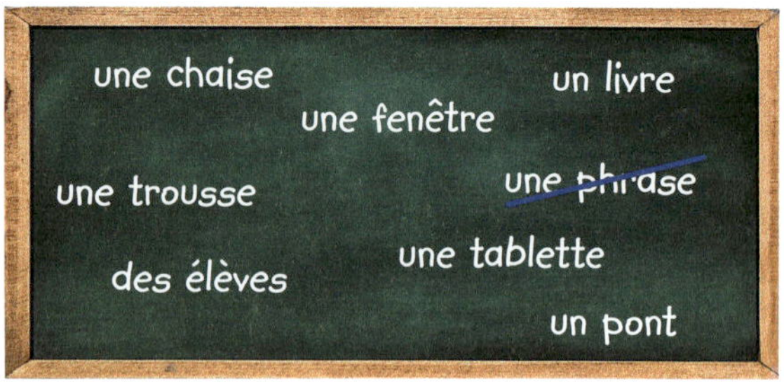

une mot / une phrase, ______________________________

____

2 **Écoute et complète la chanson.** | Vervollständige zuerst die Strophen mit den Wörtern aus 1. Ergänze dann die Wendungen im Refrain mit Hilfe des Liedtextes im Buch.

▸ p. 56

Voilà la prof et les élèves ________ dans la classe.

Voilà une p ________ et une f ________ dans la classe.

Il y a une ch ________ et une t ________ dans la classe.

Il y a un l ________ et un ca ________ dans la classe.

Refrain : Madame, s'il vous plaît, j'ai ______________________ !

____

Est-ce que vous pouvez répéter encore une fois ?

Voilà un m ________ sur le tableau dans la classe.

Voilà une ph ________ sur le poster dans la classe.

Il y a une tr ________ et un st ________ dans le sac.

Une feuille, un livre et une ta ________ dans le sac.

3 **Fais deux mots-images.** | Suche dir zwei Wörter aus 1 aus und zeichne zwei „Bildwörter“ wie im Beispiel.

Unité 4 Ma famille

▸ p. 58–59

1 **Retrouve et écris les mots.** | Finde die Wörter wieder und schreibe sie auf.

1. p r è e → le père
2. m r è e → la ______
3. f r r è e → le ______
4. s r œ u → la ______
5. g r n d a - p r è e → le ______
6. g r n d a - m r è e → la ______

▸ p. 127–128

2 **Complète.** | Schreibe die fehlenden Familienmitglieder auf.

1. l e s / p _ _ _ _ _ _

l e / p è r e

2. _ _ _ / e _ _ _ _ _ _

la fille

3. _ _ _ g _ _ _ _ _ - _ _ _ _ _ _ _

le grand-père

4. _ ' _ _ _ _ _ et la tante

le cousin

▸ p. 58–59

3 **Idriss présente sa famille.** | Idriss stellt seine Familie vor. Vervollständige die Mindmap.

C'est Fatimah, mon ________

arrière-grand-mère ________.

C'est Mohammed, mon ________

________________.

C'est Yema, ma ________

________________.

Ce sont mes ________

________________.

C'est Kader, ________

________________.

C'est Stéphanie ________

________________.

Ce sont ________

________________.

C'est moi.

C'est Ramzi, ________

________________.

C'est Sandrine,

____

________________.

C'est Emma, ________

________________.

C'est Maïssa, ________

________________.

C'est Lina, ________

________________.

C'est Abdel, ________

________________.

Ce sont ________

________________.

C'est Nicolas, ________

________________.

Partie A

Vocabulaire

1 **Écris le nom des animaux.** | Schreibe die Tiernamen mit dem Artikel *un* auf.

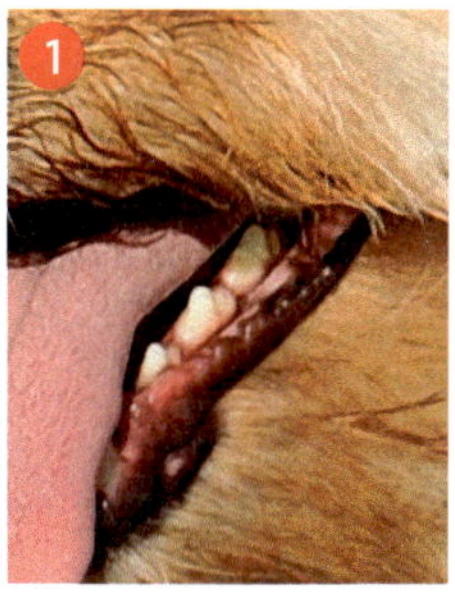
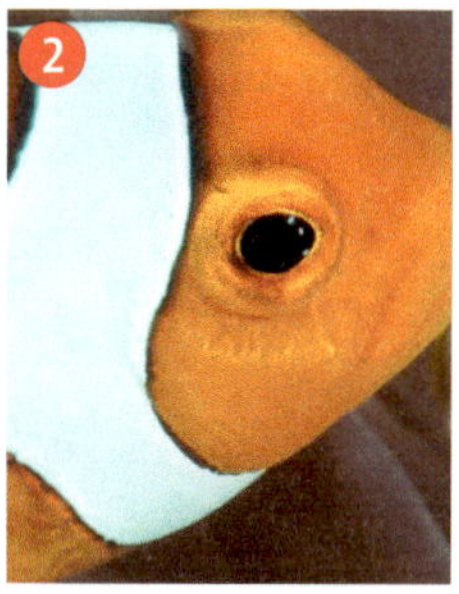

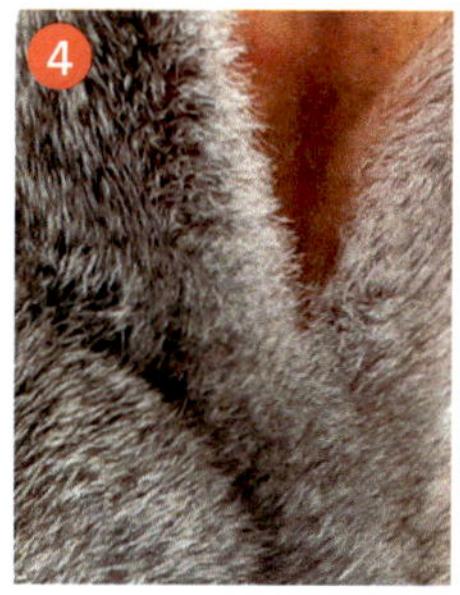

1 un chien ________ 2 ________ 3 ________ 4 ________ 5 ________

p. 127–129

2 **Complète les dialogues.** | Vervollständige die Dialoge.

1

C'est vrai ? • fan de • ~~s'appelle~~

– J'ai une tante. Elle s'appelle ________ Lisa et

elle a 19 ans. Elle est ________ motos !

– ________ C'est cool !

2

des animaux • s'appellent • frères et sœurs

– Tu as des frères et sœurs ?

– Non, je n'ai pas de ________,

mais j'ai ________. J'ai des poissons et un rat.

– Moi, j'ai deux lapins. Ils ________ Kiki et Lulu.

3

super chou • contre • une allergie

– J'ai un chat. Il a un an. Il est ________.

– Moi, je n'ai pas d'animal. Je voudrais un chat, mais mon

père a ________. Alors, il est ________.

3 **Complète les phrases.** | Elsa erzählt von ihrer Familie. Vervollständige die Sätze.

▸ p. 127–128

1.	Ich mag Tiere.	J'aime les □□□□□□□.
2.	Aber in Paris habe ich kein Tier.	Mais à Paris, □□ □'□□ □□□ □'□□□□□□.
3.	Ich möchte einen Hund.	□□ □□□□□□□□ un chien.
4.	Aber meine Stiefmutter ist dagegen.	Mais ma □□□□□-□□□□ est contre.
5.	Außerdem hat mein Bruder eine Allergie.	En plus, mon frère a □□□ □□□□□□□□.
6.	Das ist doof!	□'□□□ □□□!
7.	Also hat er Fische.	Alors, il a des □□□□□□□□.
8.	Sie heißen Flac und Floc.	□□□ □'□□□□□□□□□ Flac et Floc.
9.	Mein Bruder ist auch ein Fan von Fischen!	Mon □□□□□ est aussi □□□ de poissons!
10.	Meine Urgroßmutter hat zehn Kaninchen.	Mon arrière-grand-mère a □□□ □□□□□□.
11.	Ja, das stimmt.	Oui, □'□□□□ □□□□.
12.	Sie sind super süß!	Ils sont □□□□□ □□□□!

4 [ã], [ɔ̃] **ou** [ɛ̃] **?** | Hör zu und ordne die Wörter zu.

le poisson · le copain · la tante · les parents · le lapin · le cousin · l'oncle · contre · ~~entre~~

[ã] comme *restaurant*	[ɔ̃] comme *non*	[ɛ̃] comme *cinq*
entre		

5 a Écoute et complète. | Hör dir die Zungenbrecher an und schreibe sie auf.

Les six chats de Sacha sont super chou!

Les cinq chiens et les seize poissons de Charlotte sont chou.

b Écoute encore une fois et répète. | Hör noch einmal zu und sprich nach.

6 Écoute et note l'âge. | Hör zu und schreibe nur das Alter auf.

1 		2 		3 	
Anne	11 ans	Elsa		Mariam	
Louis		Lisa		Misti	
Martin		Paul		Tigri	

Grammaire

1 a **Entoure les six formes du verbe *avoir*.** | Kreise die sechs Formen des Verbs *avoir* ein.

V	U	R	N	A	I
T	A	S	R	N	O
R	I	L	O	A	C
A	V	O	N	S	V
V	E	A	V	E	Z
T	O	R	O	N	T

ERKLÄRFILM

b **Complète le tableau.** | Vervollständige die Tabelle mit den Formen von *avoir* von a.

avoir – *haben*

ich	habe	j'	ai	wir	haben	nous	______
du	hast	tu	______	ihr / Sie	habt / haben	vous	______
er / sie / man	hat	il / elle / on	______	sie	haben	ils / elles	______

c **Complète la fiche du verbe *avoir*.** | Fülle die Karteikarte des Verbs *avoir* auf der Seite 119 aus.

▶ Verbkartei, p. 119

2 **Écoute « Le rap du verbe avoir ».** | Hör dir den Rap an und kreise die richtigen Formen ein.

J'	ai	a	ont	13 ans.
Tu	ai	as	avez	12 ans.
Il	ont	ai	a	un chat.
Elle	avons	a	ai	un chien.
On	a	ai	ont	des copains.
Nous	avez	as	avons	un frère.
Vous	avez	ont	avons	une sœur.
Elles	a	ont	avez	des frères et sœurs.

3 Complète les phrases. | Vervollständige die Sätze.

ai • ai • ~~as~~ • as • a • avons • avez • ont

1. – Tu as ______ des frères et sœurs ? – Oui, j'______ deux sœurs.
2. – Vous ______ des animaux ?

   – Nous ______ un lapin. Il ______ un an.

3. – Moi, j'______ deux chiens. Ils ______ deux et huit ans.
4. – Et toi, tu ______ aussi des animaux ?

4 a Retrouve les formes des verbes *être* et *avoir*. | Finde die Formen der Verben *être* und *avoir* und schreibe sie zum passenden Personalpronomen.

ont|a|suisavonsesestavezsommesaiassontêtes

être – *sein*		avoir – *haben*	
je ______	nous ______	j'______	nous ______
tu ______	vous ______	tu ______	vous ______
il/elle/on ______	ils/elles ______	il/elle/on ______	ils/elles ______

b ***avoir* ou *être* ?** | Ergänze die Mail von Lou mit den passenden Formen von *avoir* oder *être*.

Salut ! Je m'appelle Lou, ~~je~~/j' ai ______ douze ans et je/j' ______ de Lille.

Mes parents ______ sympa. Je/J' ______ un frère et une sœur.

Mon frère et ma sœur ______ six ans et ils ______ chou.

Nous ______ un chien. Il ______ deux ans.

Et toi, tu ______ des frères et sœurs ?

Écouter

1 Du hörst gleich Sami zu, der seine Familie vorstellt. Bereite dich vor: welchen Satz hörst du? Kreuze an.

1. A ☐ J'ai deux frères et une sœur. B ☐ Je n'ai pas de frères et sœurs.
2. Mon cousin s'appelle Arnaud et il a
   A ☐ onze (11) ans. B ☐ douze (12) ans.
3. A ☐ J'ai des animaux. B ☐ J'aime les animaux.
4. A ☐ Mais nous n'avons pas d'animal. B ☐ Et nous avons un animal.
5. A ☐ Ma belle-mère a une allergie. B ☐ Ma grand-mère a une allergie.
6. Elle a
   A ☐ six lapins et un chien. B ☐ dix lapins et un chien.

2 a Beim Hören sollst du herausfinden, auf welchem Bild Samis Familie zu sehen ist. Sieh dir dafür zuerst die beiden Bilder an und kreise die Unterschiede ein.

A ☐

B ☐

b **Écoute et coche.** | Welche ist Samis Familie? Hör zu und kreuze Bild A oder B an.

c **Écoute encore une fois.** | Hör noch einmal zu. Wen und was mag Sami? Mach dir Notizen.

____

____

Parler

1 B ist neu in der Schule. Ihr unterhaltet euch. A fängt an.

Die Symbolkärtchen findest du in der Mitte deines *Carnet*.

A

1 

(2. Je m'appelle…)

3 

(4. J'ai 12 ans.)

5 

(6. Oui, j'ai une sœur. Elle a 15 ans. Et toi ?)

7  10 + 14

(8. Tu as un animal ?)

9 

(10. Je n'ai pas d'animal.)

11 

(12. À plus !)

B

(1. Salut ! Je m'appelle… Tu t'appelles comment ?)

2 

(3. Tu as quel âge ?)

4  12

(5. Tu as des frères et sœurs ?)

6  15

(7. Moi, j'ai deux frères. Ils ont dix ans et quatorze ans.)

8 

(9. Oui, j'ai deux lapins. Ils s'appellent Polo et Pola. Et toi ?)

10 

(11. Ça sonne ! À plus !)

12 

2 **Jouez un dialogue à deux.** | Spielt einen Dialog zu zweit.

Partie B

Vocabulaire

▸ p. 129–130

1 **Complète les phrases.** | Vervollständige die Sätze.

① souvent • compliqué • beau-père

Mon ____-____ m'énerve.

C'est un peu ________.

Le week-end, je suis _______ chez mon père.

② demi-sœur • demi-frère • ~~séparés~~

Mes parents sont s é p a r é s.

Ma ____-____ est chou et

mon ____-_____ aussi.

③ chez • vacances • ensemble

Mes parents sont ________. Mais pendant les ________, je suis ____ mes grands-parents.

2 **Assia présente sa famille.** | Assia stellt ihre Familie vor. Vervollständige ihre Nachricht.

① Mes parents sont séparés. Alors, ma famille, c'est un peu compliqué.

② Ma belle-mère est sympa, mais elle m'énerve un peu.

③ J'aime la fille de ma belle-mère. Elle a cinq ans et elle est chou !

④ Pendant le week-end, je suis souvent chez ma mère. C'est cool !

3 a **Qu'est-ce qui va ensemble ? Relie.** | Was passt zusammen? Verbinde.
Es gibt manchmal mehrere Möglichkeiten.

Dans ma famille, 1	A séparés.
Ma sœur s'appelle Mia 2	B un peu.
Mon frère m'énerve 3	C cool.
Le week-end, je suis 4	D et elle habite à Leipzig.
J'habite 5	E nous sommes quatre.
Mes parents sont 6	F avec mes parents.
Pendant les vacances, je reste souvent 7	G ensemble.
	H il y a mon père, ma sœur et moi.
	I chez mon père.

b **Schreibe drei Sätze aus a auf, die du nützlich findest.**

Dans ma famille, il y a mon père, ma sœur et moi.

____

____

4 **Complète les phrases.** | Vervollständige die Sätze.

▸ p. 143

1. Ich bin oft bei meinen Großeltern. — Je suis ☐☐☐☐☐☐☐ chez mes grands-parents.

2. Sie wohnen in der Nähe von Paris. — Ils habitent ☐☐☐☐ ☐☐ Paris.
3. Meine Eltern sind getrennt. — Mes parents sont ☐☐☐☐☐☐☐.
4. Während der Ferien bin ich bei meinem Vater. — ☐☐☐☐☐☐☐ les vacances, je suis chez mon père.
5. Mein Halbbruder ist da auch. — Mon demi-frère est ☐☐ aussi.

6. Wir haben ein Zimmer zusammen. Das ist cool! — On a ☐☐☐ ☐☐☐☐☐☐☐ ensemble. C'est cool !

Grammaire

1 a **Ergänze zuerst die Possessivbegleiter (*mein/meine, dein/deine*) auf Deutsch.**

▸ p. 66

b **Dann verbinde die deutschen Ausdrücke mit den passenden französischen Ausdrücken.**

1. ich und mein ______ Vater und ______ Mutter •
2. ich und ______ Brüder •
3. du und ______ Vater und ______ Mutter •
4. du und ______ Schwestern •

- • moi et mes frères
- • moi et mon père et ma mère
- • toi et tes sœurs
- • toi et ton père et ta mère

2 a *mon, ma* ou *mes*? Relie. | Was passt zusammen? Verbinde.

- mon •
- ma •
- mes •

- • père
- • mère
- • classe
- • ami
- • copains
- • quartier
- • famille
- • parents
- • frère

b **Complète les phrases par *mon, ma, mes*.** | Vervollständige die Sätze mit *mon, ma, mes*.

Dans ma ______ famille, nous sommes trois. Il y a ______ mère, ______ frère et moi. ______ parents sont séparés. ______ père habite en Tunisie. Après le collège, je rentre avec ______ amie Aya. Elle est dans ______ classe et elle habite dans ______ quartier. Après les devoirs, j'écoute de la musique dans ______ chambre.

3 **Écris les dialogues.** | Schreibe die Dialoge wie im Beispiel auf.

le stylo 1. – C'est ton stylo ? _______ – Oui, c'est mon stylo. _______

le sac 2. – C'est _______ – Oui, c'est _______

les livres 3. – Ce sont _______ – Oui, ce sont _______

la trousse 4. – _______ – _______

_______ _______

les cahiers 5. – _______ – _______

_______ _______

la tablette 6. – _______ – _______

_______ _______

4 a **Ergänze zuerst die Possessivbegleiter (*ihr/ihre*, *sein/seine*) auf Deutsch.**

b **Dann verbinde die deutschen Ausdrücke mit den passenden französischen Ausdrücken.**

▸ p. 66

1. Marie und ihre _______ Schwestern •
2. Marie und _______ Brüder •
3. Marie und _______ Vater und _______ Mutter •
4. Tom und sein _______ Vater und _______ Mutter •
5. Tom und _______ Schwestern •
6. Tom und _______ Brüder •

• Marie et ses sœurs
• Marie et son père et sa mère
• Marie et ses frères
• Tom et ses frères
• Tom et son père et sa mère
• Tom et ses sœurs

Grammaire

5 **Présente Pablo et Mia. Utilise *son, sa, ses.*** | Stelle Pablo und Mia vor. Verwende *son, sa, ses.*

Im Französischen unterscheidest du <u>nicht</u> zwischen „sein" und „ihr". Du verwendest immer: *son* (statt sein/ihr) *sa* (statt seine/ihre) *ses* (statt seine/ihre (Plural)).

Pablo habite à Paris avec

ses ____________ parents,

____________ frère et ____________

sœur.

Le week-end, Pablo est souvent chez

____________ grand-mère.

Mia habite à Lyon avec

____________ mère,

____________ frère et ____________

sœur. ____________ parents sont

séparés. Le week-end, Mia est souvent

chez ____________ père.

6 **Complète les phrases.** | Lili-Rose stellt Noé ihre Familie vor. Vervollständige die Sätze mit *mon, ma, mes / ton, ta, tes* oder *son, sa, ses*.

ERKLÄRFILM

Lili-Rose : Regarde là, c'est la famille de mon ____________ père. Là, c'est s ____________ copine. Et là, ce sont s ____________ frères et sœurs. Ils sont super sympa. J'aime ____________ oncle et ____________ tante.

Noé : Et là, ce sont ____________ grands-parents ?

Lili-Rose : Oui, ce sont ____________ grands-parents. Et là la fille, c'est ____________ cousine.

Noé : Et le garçon à côté, c'est ____________ cousin ?

Lili-Rose : Non, c'est s ____________ copain.

Noé : ____________ cousine a quel âge ?

Lili-Rose : Elle a 16 ans.

☒ **7** a **Tu retrouves les six phrases ?** | Findest du die sechs Sätze? Schreibe sie auf.

Je|reste|dans|machambre.Turesteschez tonpère?Ilresteavecsoncopain.
NousrestonsàParis.VousrestezàMarseille? Ellesrestentavectoi?

Je reste dans ma chambre.

____

____

b **Complète la fiche du verbe *rester*.** | Fülle die Karteikarte des Verbs *rester* auf der S. 119 aus.

▸Verbkartei, p. 119

☒ **8** a **Trouve les verbes.** | Finde die sieben Formen der Verben auf *-er*.

A	S	F	É	C	O	U	T	E	N	T	R	G	A
D	R	O	R	E	S	T	E	N	T	P	H	X	I
K	E	N	M	I	B	E	T	U	P	E	A	K	M
S	S	L	E	M	N	R	D	A	M	F	B	H	E
G	T	O	R	E	N	T	R	O	N	S	I	L	Z
T	E	J	A	Z	W	I	L	P	M	E	T	O	V
W	P	A	C	Y	R	E	G	A	R	D	E	S	B

b **Complète les phrases.** | Vervollständige die Sätze mit den Formen von a.

1. Je reste ________ à Paris.
2. Tu ____________ une série ?
3. Nous ____________ avec toi.
4. Vous ____________ la danse ?
5. Ils ____________ là pendant les vacances.

6. Elles ____________ de la musique.
7. Elle ____________ dans mon quartier.

Écrire

1 a **Regarde la vidéo et complète.** | Schau dir den Wortschatz-Erklärfilm an und vervollständige die Fotowand von Léo.

ERKLÄRFILM

p. 139–140

b **Léo présente sa famille. Complète son texte.** | Vervollständige den Text von Léo auf Französisch mit Hilfe der Angaben in Klammern.

Coucou !

Je m'appelle Léo. Voilà ma famille ! J'ai un frère, une sœur et un demi-frère.

Ma sœur Lucie m'énerve un peu (*nervt mich ein bisschen*) mais elle est sympa aussi. Mes parents __________ (*sind getrennt*).

Mon père habite __________ (*mit seiner Freundin*) et mon demi-frère, Marc, à Marseille.

Pendant le week-end, moi et mes frères et sœurs, nous sommes souvent __________ (*bei meinem Vater*).

Dans ma famille, __________ (*es gibt es auch*) mon chien, mes poissons et mes lapins ! __________ (*ich mag Tiere*) ! Et toi ?

Il y a aussi mes grands-parents. Ils habitent __________ (*in der Nähe von Paris*). __________ (*Ich mag*) mon grand-père !

Souvent __________ (*Wir hören zusammen Musik*). Et il aime les animaux, __________ (*wie ich*) !

La mère de ma mère habite en Guadeloupe. __________ (*während der Ferien*), nous sommes chez elle. C'est cool !

En plus, __________ (*sie hat sieben Katzen*).

Ils sont sympa ! Voilà ma famille !

Et toi, __________ (*hast du Geschwister*)? __________ (*bleibst du*) chez toi pendant les vacances ?

À plus ! Léo

Révisions

Hier überprüfst du, was du kannst.

Wie sagst du es auf Französisch?

1 **Pose des questions.** | Stelle deinem neuen französischen Nachbarn Fragen.

1. Wie heißt du?	☐☐ ☐'☐☐☐☐☐☐☐☐ comment?
2. Hast du einen Bruder?	Tu ☐☐ ☐☐ ☐☐☐☐☐ ?
3. Wie heißt er?	☐☐ ☐'☐☐☐☐☐☐☐ comment?
4. Hast du ein Haustier?	Tu as ☐☐ ☐☐☐☐☐☐ ?
5. Sind deine Eltern zusammen?	Tes parents sont ☐☐☐☐☐☐☐☐ ?
6. Bist du in Frankreich während der Ferien?	Tu es en France ☐☐☐☐☐☐☐ les ☐☐☐☐☐☐☐☐ ?

Die Possessivbegleiter

2 **Complète les phrases.** | Vervollständige die Sätze mit *mon, ma, mes / ton, ta, tes / son, sa, ses.*

1 – Et voilà Paul et ______________ (*seine*) copine.

– Voilà Lili et ______________ (*ihr*) copain.

2 – La fille, c'est qui ? C'est ______________ (*deine*) sœur ?

– Non, c'est ______________ (*meine*) mère.

3 – ______________ (*Mein*) grand-père a une moto.

– ______________ (*Dein*) grand-père a une moto ? C'est super cool !

4 – Le week-end, je suis souvent chez ______________ (*meine*) grands-parents. Et toi ?

– Non, ______________ (*meine*) grand-mère a trois chats et moi, j'ai une allergie.

Die Lösungen findest du auf S. 134.

Das Verb *avoir*

3 **Complète les phrases.** | Vervollständige die Sätze mit den Formen von *avoir*.

1. J'_______________ 14 ans.
2. Tu _______________ un ordinateur ?
3. Il _______________ une tablette.
4. Nous _______________ des amis.
5. Vous _______________ des animaux ?
6. Elles _______________ des devoirs.

être et *avoir* (Unités 2 et 4)

☒ **4** ***être* ou *avoir* ?** | Kreise die richtige Form ein.

1.	– Tes frères et sœurs	ont	sont	quel âge ?
	– Ma sœur	est	a	14 ans.
2.	– Marie	ai	est	en cinquième B ?
	– Oui, nous	sommes	avons	dans la même classe.
3.	– Vous	êtes	avez	des animaux ?
	– Non, mes parents	ont	sont	contre.

Die Verben auf *-er* (Unités 3 et 4)

☒ **5** **Complète les phrases.** | Vervollständige die Sätze mit den Formen der Verben auf *-er*.

aimer • écouter • habiter • regarder (2x) • rentrer • rester (2x)

1. Le week-end, je _______________ souvent dans ma chambre.
2. Mon frère et moi, nous _______________ de la musique.
3. Après la piscine, ma sœur _______________ et elle _______________ des séries. Elle _______________ les séries.
4. Vous _______________ souvent des séries ?
5. Et toi, tu _______________ chez toi le week-end ou tu es avec tes copains ?
6. Moi, je suis souvent chez mes cousines. Elles _______________ à côté.

Module C Qu'est-ce que tu aimes ?

▸ p. 72

1 a Complète les phrases. | Vervollständige die Sätze mit den vorgegebenen Wörtern.

joueur • astronaute • chanteur • chanteuse • joueuse • groupe • chanteuse préférée • joueur préféré • groupe préféré • joueuse préférée • chanteur préféré • fan de

1. Kylian Mbappé est un joueur __________ de foot. C'est mon joueur préféré __________.
2. Bigflo &Oli est un __________ de rap. C'est mon __________.
3. GIMS est un __________. C'est mon __________.
4. Camélia Jordana est une __________. C'est ma __________.
5. Alexia Chartereau est une __________ de basket. C'est ma __________ __________.
6. Thomas Pesquet est un __________. J'adore les sciences. Je suis __________ Thomas Pesquet !

b Écoute et corrige si nécessaire. | Hör zu und korrigiere, wenn nötig.

2 C'est qui ? Écoute et note le bon numéro. | Hör zu und finde heraus, wer was mag. Notiere die richtige Nummer zum passenden Bild. ! Achtung, ein Bild bleibt übrig!

Jade

Ava

Lina

Kim

3 Complète les fiches des verbes. | Fülle die Karteikarten dieser Verben auf *-er* auf der Seite 122 aus. ▸ Verbkartei, p. 122

adorer • bricoler • dessiner • détester • préférer

Ma chambre et moi

▸ p. 133

1 **Écris les phrases et les mots.** | Schreibe die Sätze und die Wörter mit dem Artikel auf.

1 ein Zimmer = une chambre

2 ein Bett = __________

3 ein Schreibtisch = __________

4 ein Stuhl = __________

5 ein Regal = __________

6 ein Schrank = __________

7 eine Wand = __________

8 eine Tür = __________

9 ein Fenster = __________

10 eine Pflanze = __________

11 Fotos = des __________

12 Schlüssel = des __________

13 Wo ist ...? = __________

14 Wo sind ...? = __________

2 **Complète les phrases.** | Vervollständige die Sätze mit Wörtern aus Aufgabe 1.

Dans la chambre de Fatoumata, il y a un (2) lit __________, une (6) __________ et un (3) __________. Il y a aussi un poster, **des** (11) __________ et une (10) __________ devant la (9) __________.

Voilà ma (1) __________. À gauche, il y a mon (2) __________. À droite, il y a une table et **deux** (4) __________. Et il y a une (5) __________ derrière le lit. Sur le (7) __________, il y a mes posters.

3 **Regarde les dessins et relie.** | Schau dir die Bilder an und verbinde.

1 

2 

3 

4 

sur | sous | entre | dans | devant | derrière | à gauche | à droite

5 

6 

7 

8 

4 a **Coche les bonnes phrases.** | Kreuze die passenden Sätze an.

1 

☒ Le sac est sous l'armoire.

☐ Le sac est sur l'armoire.

2 

☐ Le chien est devant la porte.

☐ Le chien est derrière la porte.

3 

☐ La tablette est à gauche.

☐ La tablette est à droite.

4 

☐ Les clés sont sur le bureau.

☐ Les clés sont sous le bureau.

5 

☐ La photo est entre la plante et les livres.

☐ La photo est derrière la plante.

6 

☐ Les livres sont à droite.

☐ Les livres sont à gauche.

7 

☐ La trousse est sous le sac.

☐ La trousse est dans le sac.

b **Écoute et vérifie tes réponses.** | Hör zu und überprüfe deine Antworten.

Partie A

Vocabulaire

1 **Qu'est-ce qu'il y a sur le bureau ?** | Zähle auf, was sich auf dem Schreibtisch befindet.

Sur le bureau, il y a des clés, ______

des livres, ______

______

______

______

______

p. 133–134

2 **Complète les phrases.** | Vervollständige die Sätze.

1. Hallo? *(am Telefon)*	☐☐☐☐ ?
2. Hi! Ich bin's, Martin!	Coucou ! ☐'☐☐☐ ☐☐☐, Martin !
3. Ich habe meine Tasche nicht.	Je ☐'☐☐ ☐☐☐ mon sac.
4. Schon wieder?!	☐☐☐☐☐☐ !?
5. Gut, ich höre. Wo ist deine Tasche?	☐☐☐, j'écoute. Où est ton sac ?
6. Schau neben der Tür!	Regarde ☐ ☐☐☐☐ de la porte !
7. In deinem Zimmer herrscht Chaos!	C'est le ☐☐☐☐☐ dans ta chambre !
8. Sie ist hier, unter deinem Bett.	Il est ☐☐☐, sous ton lit.

5 A Vocabulaire

▸ p. 134

3 **Complète les phrases.** | Vervollständige die Sätze.

1

Bon • c'est le bazar • Je ne sais pas. • Où est • ~~Zut~~!

– Zut! ______ Je n'ai pas ma trousse !

– ______________ ta trousse ?

– ______________________

Regarde sur mon bureau.

– ______________, je regarde sur ton bureau.

– Mais ______________________ ici !

2

dans deux heures • Tu arrives • c'est moi • Allô

– ______________ ?

– Salut, ______________ !

– ______________________ quand ?

– J'arrive______________________.

4 **a** **Complète les mots.** | Vervollständige die Wörter.

1. le bur(eau)
2. enc( )re
3. la ph( )t( )
4. la p( )rte
5. à g( )che
6. all( )?
7. le tabl( )
8. le styl( )
9. je bric( )le
10. à c( )té
11. d'acc( )rd
12. ( )ssi

Im Französischen gibt es unterschiedliche Möglichkeiten, den Laut „o" zu schreiben.
( ) = o ( ) = eau
( ) = ô ( ) = au

b **Écoute et répète.** | Hör zu und sprich nach.

Nicht alle „o" klingen gleich:
[ɔ] wie in „la porte" oder
[o] wie in „aussi".

Grammaire

1 **Écris les phrases.** | Schreibe die Sätze ab, trenne dabei die Wörter.

1. Le|chien|est|à|droite|de|la|chaise. Le chien est à droite de la chaise.

2. Lelitestàgauchedel'armoire. ______

3. Leslivressontàcôtédulit. ______

4. Lesclréssontàdroitedela tablette. ______

ERKLÄRFILM

2 a **Complète les phrases.** | Vervollständige die Sätze mit *du*, *de la*, *de l'* oder *des*.

1 

Le poster est à gauche de l' armoire.

2 

Le chien est à gauche ______ lit.

3 

Le chien est à droite ______ porte.

4 

Le chat est à côté ______ poissons.

b **Complète les phrases.** | Vervollständige die Sätze mit *à gauche / à droite du, de la, de l', des*.

1  À droite de la porte, il y a un sac.

2  ______ sac, il y a des clés.

3 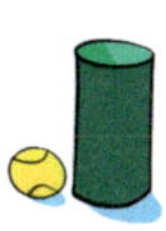 ______ plantes, il y a une table.

4  ______ étagère, il y a un bureau.

☒ **3** **Où est le chien d'Amir ?** | Amir sucht seinen Hund. Schreibe auf, wo er ihn sucht.

1. rechts *Il est à droite de la table ?*
2. links *Il est* ____
3. neben *Il est* ____
4. rechts ____
5. links ____
6. neben *Ah voilà,* ____ !

4 a **Complète les phrases.** | Vervollständige die Sätze mit dem Verb *arriver*.

▸ p. 134

1. J'arrive chez mon père.
2. Tu arrives en cours avec tes copains ?
3. Elle arrive à la piscine.
4. Nous arrivons au musée dans une heure.
5. Vous arrivez en bus ou en métro ?
6. Ils arrivent au collège à pied.

b **Complète la fiche du verbe *arriver*.** | Fülle die Karteikarte des Verbs *arriver* auf der S. 121 aus.

▸ Verbkartei, p. 121

Écouter

1 a Lis et souligne les différences. | Lies die Sätze und unterstreiche die Unterschiede.

1. Ⓐ Il est sur mon bureau. ☒
   Ⓑ Il est sous mon bureau. ☐
2. Ⓐ C'est le bazar sur ton bureau ! ☐
   Ⓑ C'est la cata sur ton bureau ! ☐
3. Ⓐ Regarde à côté du livre. ☐
   Ⓑ Regarde à côté de l'ordinateur. ☐
4. Ⓐ J'arrive au collège dans une heure. ☐
   Ⓑ J'arrive au collège dans deux heures. ☐

b Écoute et coche les bonnes phrases. | Hör zu und kreuze die richtigen Sätze in a an.

2 a C'est parti ! Écoute et coche. | Jetzt geht's los! Hör dir das Telefonat an und kreuze die richtige Antwort an.

Ce sont… ☐ deux sœurs. ☐ un frère et sa sœur.
☐ deux frères. ☐ une fille et sa mère.

b Écoute encore une fois. | Hör noch einmal zu. Kreuze die richtigen Antworten an.

1. Paul n'a pas ☐ son cahier. ☐ son livre d'allemand.
2. En plus, il n'a pas ☐ sa trousse. ☐ ses clés.
3. Elles sont ☐ à côté du livre. ☐ à côté de l'ordinateur.
4. Le cahier est ☐ sur le bureau. ☐ sous le bureau.
5. Lisa arrive au collège ☐ dans une heure. ☐ dans deux heures.

3 Comment tu trouves la réaction de la sœur ? | Wie findest du die Reaktion der Schwester? Begründe deine Meinung auf Deutsch.

☐ 🙂 ☐ 😐 ☐ ☹

____

Parler

1 **Où est…** | Ihr sucht eure Sachen, die ihr verlegt habt. Fragt und antwortet euch gegenseitig.

▸ p. 81

A

1  ? Où est le cahier d'allemand ?

(2. Il est sous la chaise.)

(3. Où est le poster ?)

4 Il est 

5 Où sont  ?

(6. Elles sont sur l'étagère.)

(7. Où est le sac ?)

8 Il est 

9  ?

(10. Elle est entre les livres et la tablette.)

(11. Où sont les photos ?)

12 Elles sont 

13  ?

(14. Il est à droite / à côté du bureau.)

B

(1. Où est le cahier d'allemand ?)

2  Il est sous la chaise.

3  ?

(4. Il est derrière la porte.)

(5. Où sont les clés ?)

6 Elles sont 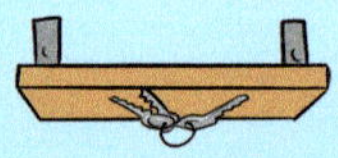

7 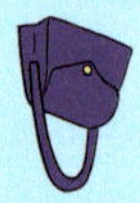 ?

(8. Il est à droite de la chaise.)

(9. Où est la trousse ?)

10 Elle est 

11 Où sont  ?

(12. Elles sont dans le sac.)

(13. Où est le chat ?)

14 Il est 

Partie B

Vocabulaire

1 **Qu'est-ce qu'il y a dans la chambre ?** | Vervollständige den Text mit Hilfe der Zahlen auf der Zeichnung und den Nomen. Verwende den unbestimmten Artikel *un*, *une* oder *des*.

BD • console • enceintes • étagère • guitare • mangas • ~~ordinateur~~

Dans ma chambre, il y a un bureau. Sur le bureau, il y a (1) un ordinateur ______ et (2) ______. À gauche du bureau, il y a (3) ______.
Sur l'étagère, il y a (4) ______ et (5) ______.
Il y a aussi (6) ______. À droite du bureau, il y a (7) ______. J'adore ma chambre !

2 **Oups ! Retrouve les verbes.** | Alle Verben sind vertauscht! Finde die richtigen Verben wieder und schreibe sie zu dem passenden Satz.

135–136

(1)

Lina ~~raconte~~ avec son frère.

bricole ______

(2)

Elle ~~bricole~~ ses vacances.

r ______

▸▸▸

Elle ~~joue~~ son bureau.

r ____________

Elle ~~partage~~ avec son chien.

____

Elle ~~travaille~~ son croissant avec son amie.

____

Elle ~~range~~ pour le collège.

____

3 **Complète les phrases.** | Vervollständige die Sätze.

▸ p. 141

c'est le bazar • ~~c'est petit~~ • j'adore ranger • parce que • sur le mur • tout

1. Bei mir ist es klein, aber ich mag mein Zimmer.	Chez moi, c'est petit ____________, mais j'aime ma chambre.
2. In meinem Zimmer herrscht Chaos!	Dans ma chambre, ____________ !
3. Aber ich liebe es, mein Zimmer aufzuräumen.	Mais ____________ ma chambre.
4. In meinem Zimmer ist alles weiß!	Dans ma chambre, ____________ est blanc !
5. An der Wand hängen Fotos von meinen Freunden.	____________, il y a des photos de mes amis.
6. Ich lerne auf meinem Bett, weil ich das mag.	Je travaille sur mon lit ____________ j'aime ça.

4 a Retrouve les phrases. | Finde die Sätze wieder und verbinde sie.

1 Chez moi, c'est le bazar parce que •	• elle range mon bureau.
2 Ma sœur m'énerve un peu parce qu' •	• il y a des plantes !
3 Je suis souvent sur mon lit parce que •	• je suis fan.
4 Dans ma chambre, tout est blanc parce que •	• c'est mon endroit préféré.
5 J'aime ma chambre parce qu' •	• j'adore le blanc.
6 J'ai des posters de Kylian Mbappé parce que •	• je n'aime pas ranger.

b Trouve le bon dessin. | Welcher Satz aus a passt zu welchem Bild? Notiere nur die Nummern.
! Achtung: ein Satz bleibt übrig.

 2

5 a Écoute et coche ! | Hör zu und kreuze an, ob du [ʒ] oder [g] hörst.

Ich höre [ʒ]	Ich höre [g]	Ich schreibe ...
X		1. la boulan __ __ rie
		2. le man __ __
		3. nous parta __ __ ons
		4. Re __ __ rdez !
		5. la __ __ itare
		6. l'aller __ __ e
		7. je ran __ __
		8. la lan __ __ e

Hörst du [ʒ] wie in Garage, dann schreibe -ge- oder -gi-.
Hörst du [g] wie in Garage, dann schreibe -ga- oder -go- oder -gu-.

b Complète. | Ergänze nun die fehlenden Buchstaben in der dritten Spalte.

Grammaire

1 **Il travaille ou il ne travaille pas ?** | Welcher Satz passt? Kreuze an.

a ☐ Il travaille pour le collège.
b ☐ Il ne travaille pas pour le collège.

a ☐ Elle range son bureau.
b ☐ Elle ne range pas son bureau.

a ☐ Il dessine.
b ☐ Il ne dessine pas.

a ☐ Elles aiment la musique.
b ☐ Elles n'aiment pas la musique.

▸ p. 86/2

ERKLÄRFILM

2 **Complète.** | Noé antwortet immer mit „nein". Vervollständige seine Antworten mit *ne... pas* und den Verben in Klammern.

Vor Vokal *a, e, i, o, u* wird *ne* zu *n'*.

1. La grand-mère : Bandit est dans ta chambre ?

   Noé : Non, il ____________ (*être*) dans ma chambre.

2. La grand-mère : Tu travailles pour l'école ?

   Noé : Non, je ____________ (*travailler*) pour l'école.

3. Noé : Je ____________ (*avoir*) mes livres. Ils sont au collège.

4. La grand-mère : Alors, range ton bureau !

   Noé : Non, je ____________ (*ranger*) mon bureau.

☒ **3** **Écris les réponses.** | Der Vater von Lili-Rose ruft an und will wissen, was sie macht. Lili-Rose antwortet immer mit „nein". Schreibe ihre Antworten auf. Verwende *ne... pas*.

1. Le père : Tu es sur ton lit ?

   Lili-Rose : Non, je ne suis pas sur mon lit. ____________________

2. Le père : Tu joues avec Jade ?

   Lili-Rose : Non, ____________________

3. Le père : Tu ranges ton bureau ?

   Lili-Rose : Non, ____________________

4. Le père : Tu travailles pour le collège ?

   Lili-Rose : Non, ____________________

5. Le père : Tu écoutes ton chanteur préféré ?

   Lili-Rose : Non, ____________________

☒ **4** **Écris les phrases.** | Was soll man im Unterricht nicht tun ? Wähle die Aktivitäten aus und schreibe Sätze wie im Beispiel auf. Unterstreiche die Verbklammer *ne... pas*.

parler de son week-end | dessiner sur sa table | écouter les profs | jouer à Minecraft sur sa tablette | travailler avec son/sa partenaire | écouter sa musique | arriver avec son animal | travailler ensemble

1. On ne parle pas de son week-end en cours ! ____________________
2. On ne ____________________
3. ____________________
4. ____________________
5. ____________________

Grammaire

5 **Écris les questions.** | Schreibe jede Frage in den passenden Anzug hinein.

1 – Est-ce que tu travailles sur ton lit ?

– Non, je ne travaille pas sur mon lit.

2 – Est-ce que tu aimes bricoler ?

– Oui, j'aime bricoler.

3 – Est-ce qu'il y a des posters dans ta chambre ?

– Oui, il y a des posters dans ma chambre.

Die Fragen mit *est-ce que* beantwortet man mit 👍 oui oder 👎 ______.

▸ p. 86/3
ERKLÄRFILM

6 **Adam pose des questions à Claire.** | Adam lernt Claire kennen. Schreibe die Fragen auf, die er stellt. Verwende *est-ce que / est-ce qu'*. Denke daran, die Verben zu konjugieren.

tu / avoir des frères et sœurs • ~~tu / habiter~~ à Paris • vous / avoir un animal • il y a des posters • tu / partager ta chambre • il / être noir et blanc

1. Adam : Est-ce que tu habites à Paris ?

   Claire : Oui, j'habite à Paris.

2. Adam : ______

   Claire : Oui, j'ai une sœur.

3. Adam : ______ avec ta sœur ?

   Claire : Non, je ne partage pas ma chambre avec ma sœur.

4. Adam : ______ dans ta chambre ?

   Claire : Oui, il y a un poster de ma chanteuse préférée.

5. Adam : ______

   Claire : Oui, nous avons un chat.

6. Adam : ______

   Claire : Oui, il est super chou !

☒ **7** **Complète les questions.** | Vervollständige die Fragen. Verwende *est-ce que* oder *qu'est-ce que*.

1 – Qu'est-ce qu' ______ il y a dans ton quartier ?
– Dans mon quartier, il y a une boulangerie, un parc et une piscine.

2 – ______ il y a aussi un cinéma ?
– Oui, il y a aussi un cinéma.

3 – ______ tu aimes ton quartier ? – Oui, j'aime mon quartier.

4 – ______ tu aimes dans ton quartier ?
– J'aime la piscine et le parc, c'est mon endroit préféré.

5 – ______ il y a dans le parc ?
– Dans le parc, il y a des plantes et des animaux. J'aime la nature.

8 a **Complète les fiches des verbes.** | Fülle die Karteikarten der Verben *jouer*, *travailler*, *partager* und *ranger* auf der S. 123 aus. ▶ Verbkartei, p. 123

Markiere die Besonderheiten der Verben *partager* und *ranger*:
nous rang**e**ons – nous partag**e**ons

b **Tu ranges souvent ?** | Ergänze die Verbformen von *partager* und *ranger*.

~~partage~~ • partage • partage • partageons • partagez • range • rangeons • rangent

1. Je partage ______ ma chambre avec mon frère, mais il ne ______ pas, alors, c'est le bazar ! Et vous, vous ______ une chambre ?
2. Je ne ______ pas ma chambre, mais je n'aime pas ranger.
3. Ma sœur et moi, nous ______ une chambre. Et nous ______ la chambre le week-end.
4. J'adore mes grand-parents. Ils ______ souvent ma chambre avec moi. Et après, on ______ une pizza. 

Lire

1 **Lis et dessine.** | Lies den Text und zeichne die vier Möbel in das Zimmer von Gabriel.

Est-ce que tu aimes ta chambre ?

Bonjour ! Je m'appelle Gabriel et j'ai 15 ans. Chez moi, c'est petit, mais j'aime ma chambre. Dans ma chambre, il y a un lit, une armoire, un bureau et une étagère avec mes BD. L'armoire est à gauche.
Sous la fenêtre, il y a mon bureau et l'étagère est à droite du bureau. Sur le bureau, c'est le bazar parce que je déteste ranger !
Le lit est à gauche de la fenêtre. Mon chat Scampi est souvent sur le lit avec moi. Scampi aime jouer avec ma tablette et mes feuilles ! Alors, c'est aussi le bazar sur mon lit !

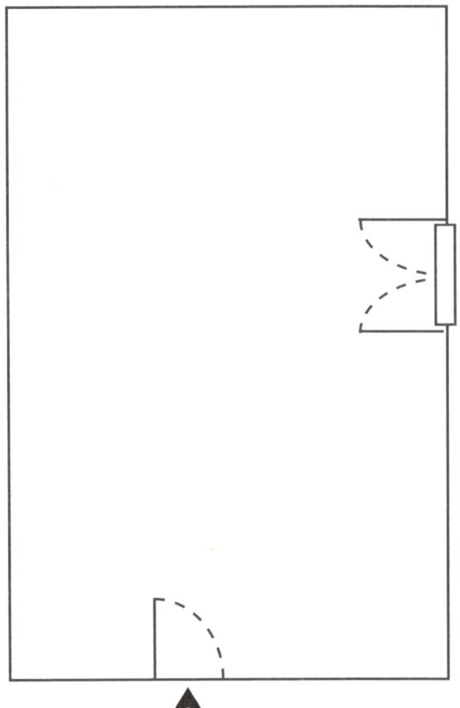

Tu es ici !

2 **Qui est qui dans la famille d'Alicia ?** | Löse das Rätsel, beschrifte die Familienmitglieder und beantworte die Frage.

Voilà Alicia et sa famille.

1. Dans la famille d'Alicia, il y a Alicia, Anna, Rose et Léona.
2. Alicia est à gauche de sa mère, Anna.
3. La tante d'Alicia est à côté d'Alicia.
4. Anna est entre ses deux filles.
5. La tante d'Alicia s'appelle Rose.
6. Rose est à droite de Léona.

Comment s'appelle la sœur d'Alicia ? ____________

Tipp: Es sitzen sich immer zwei Schwestern gegenüber.

Écrire

☒ **1** **Corrige les phrases.** | Streiche die Fehler durch und schreibe die korrekten Sätze auf.

1. Chez Sami, c'est souvent le bazar parce que / ~~qui~~ c'est petit.

   Chez Sami, ______

2. L'endroit préféré de Sami, c'est son / sa lit.

   ______

3. Il travaille et dessine souvent sur / après son lit.

   ______

☒ **2** **Compare les dessins.** | Vergleiche die beiden Zeichnungen und finde die 7 Unterschiede.

~~les livres~~ • la plante • les stylos • le drone • les photos • la console • la tablette

1. À gauche, les livres sont sur l'étagère. À droite, ils sont sur le bureau.
2. À gauche, la plante est ______

______

______

______

______

______

______

 Hier überprüfst du, was du kannst.

Vocabulaire

1 **Complète le texte.** | Vervollständige den Text mit Hilfe der Bilder.

Moussa partage sa  ______________ avec son frère Amadou.

Il y a deux  ______________, une  ______________,

un  ______________ avec deux  ______________, et une 

______________ avec des  ______________, des  ______________

et une  ______________.

Sur une table, il y a des  ______________ et deux  ______________.

Sur le mur, il y a un  ______________ de Gims.

À côté de la porte, il y a des  ______________ et  deux ______________.

Wie sagst du es auf Französisch?

2 **Complète les phrases.** | Du sprichst über dein Zimmer. Vervollständige die Sätze.

1. In meinem Zimmer ist alles rot, weil ich rot liebe.	Dans ma chambre, ☐☐☐☐ ☐☐☐ ☐☐☐☐☐ parce que j'aime le rouge.
2. Ich teile mein Zimmer mit meiner Schwester.	Je ☐☐☐☐☐☐☐ ma chambre avec ma sœur.
3. Ich räume gerne auf, aber auf meinem Schreibtisch herrscht Chaos.	J'aime ranger, mais c'est le bazar ☐☐☐ ☐☐☐ ☐☐☐☐☐☐.
4. Ich mag mein Bett, das ist mein Lieblingsort.	J'aime ☐☐☐ ☐☐☐, c'est mon endroit préféré.
5. Ich arbeite und höre Musik auf meinem Bett.	☐☐ ☐☐☐☐☐☐☐☐ et j'écoute de la musique sur mon lit.

Die Lösungen findest du auf S. 135.

Der zusammengezogene Artikel mit *de*

3 **Décris les dessins.** | Beschreibe die Bilder. Verwende *à gauche / à droite du / de la / de l' / des*.

1 
2 
3 
4 
5 

1. Le chien est à droite de l'armoire.
2. ______________________________
3. ______________________________
4. ______________________________
5. ______________________________

Die Verneinung mit *ne... pas* und die Frage mit *est-ce que*

4 **Complète les phrases.** | Vervollständige die Sätze. Verwende *est-ce que / est-ce qu'* in den Fragen und *ne/n'... pas* in den Antworten.

1 – Est-ce que Kenza partage sa chambre avec sa sœur ?

– Non, Kenza ne partage pas sa chambre parce que c'est petit.

2 – ______________ Kenza aime ranger ? – Non, elle ______________ ranger.

3 – ______________ elle travaille sur son bureau ?

– Elle ______________ sur son bureau parce que c'est le bazar !

4 – ______________ elle dessine souvent ?

– Oui, mais elle ______________ sur son bureau.

5 – ______________ sa trousse est sur le bureau ?

– Non, sa trousse ______________ sur le bureau.

6 – ______________ ses BD sont sur les étagères ?

– Elle a deux étagères, mais ses BD ______________ sur les étagères.

Die Lösungen findest du auf S. 135.

☒ **5** **Noé montre des photos et parle de Blois.** | Noé zeigt Fotos und erzählt von Blois, wo er vorher gewohnt hat. Ergänze den Text mit den angegebenen Wörtern und Wendungen.

1 Voilà Matéo. Sa mère est de ______ (*aus*) Madrid. Matéo ______ (*spricht*) français et espagnol. Il adore ______ (*basteln*) et il aime les drones. Il est ______ (*in der Drohnen-AG*) au collège. Dans sa chambre, il ______ (*spielt oft Videospiele*). Mais il déteste le sport et il ______ (*räumt nicht gerne auf*) sa chambre. Alors, c'est le bazar !

2 Voilà Clara. Elle adore ______ (*zeichnen*) et elle aime le rap ______ (*wie ich*). On écoute souvent de la musique ______ (*zusammen*). Mais sa famille, c'______ (*es ist ein bisschen kompliziert*). Ses parents sont séparés. Elle ______ (*wohnt*) avec sa mère et son beau-père. Elle ______ (*hat einen Halbbruder*). Il a cinq ans. Il est chou, mais il l'______ (*nervt*) un peu.

3 Voilà mes grand-parents. ______ (*Am Wochenende*), je suis souvent ______ (*bei*) mes grands-parents. Ils ______ (*haben ein Kaninchen*), Bandit. Il est chou ! Mes cousins habitent ______ (*nebenan*).

4 Regarde, ce sont mes cousins. Mon cousin ______ (*heißt*) Yann, il a 15 ans et il est cool. Emma et Louis ______ (*sind 13 Jahre alt*). Ils ______ (*teilen*) une chambre. Ce ______ (*ist nicht*) petit, mais il y a deux lits et deux bureaux. En plus, il y a une armoire ______ (*zwischen den Betten*).

Die Lösungen findest du auf S. 135.

Verbkartei

Zum Lernen der Verben kannst du dir eine Verbkartei anlegen.

- Schneide die einzelnen Karteikarten an der gestrichelten Linie aus.
- Vervollständige die Verbformen auf der Vorderseite.
- Kontrolliere sie mit Hilfe der Rückseite.
- Bewahre die Karteikärtchen auch für das kommende Schuljahr gut auf.

______ *sein* (ab 2B)

je	______	nous	______
tu	______	vous	______
il / elle / on	______	ils / elles	______

Je ______ en cinquième.

______ *suchen* (ab 3B)

je	______	nous	______
tu	______	vous	______
il / elle / on	______	ils / elles	______

On ______ des corres !

______ *sprechen* (ab 3B)

je	______	nous	______
tu	______	vous	______
il / elle / on	______	ils / elles	______

Nous ______ français.

______ *wohnen* (ab 3B)

j'	______	nous	______
tu	______	vous	______
il / elle / on	______	ils / elles	______

Ils ______ à Paris.

______ *nach Hause gehen/fahren* (ab 3B)

je	______	nous	______
tu	______	vous	______
il / elle / on	______	ils / elles	______

On ______ ensemble.

être *sein* (ab 2B)

je	**suis**	ich	bin	nous	**sommes**	wir sind	
tu	**es**	du	bist	vous	**êtes**	ihr seid / Sie sind	
il / elle / on	**est**	er / sie / man	ist	ils / elles	**sont**	sie sind	

Je **suis** en cinquième.

! Das Verb *être* ist unregelmäßig: du musst alle Formen lernen.

parler *sprechen* (ab 3B)

je	parle	ich	spreche	nous	parlons	wir sprechen
tu	parles	du	sprichst	vous	parlez	ihr sprecht / Sie sprechen
il / elle / on	parle	er / sie / man	spricht	ils / elles	parlent	sie sprechen

Nous **parlons** français.

regelmäßiges Verb auf *-er*

chercher *suchen* (ab 3B)

je	cherche	ich	suche	nous	cherchons	wir suchen
tu	cherches	du	suchst	vous	cherchez	ihr sucht / Sie suchen
il / elle / on	cherche	er / sie / man	sucht	ils / elles	cherchent	sie suchen

On **cherche** des corres !

regelmäßiges Verb auf *-er*

rentrer *nach Hause gehen/fahren* (ab 3B)

je	rentre	ich	gehe nach Hause	nous	rentrons	wir gehen nach Hause
tu	rentres	du	gehst nach Hause	vous	rentrez	ihr geht nach Hause / Sie gehen nach Hause
il / elle / on	rentre	er / sie / man	geht nach Hause	ils / elles	rentrent	sie gehen nach Hause

On **rentre** ensemble.

regelmäßiges Verb auf *-er*

habiter *wohnen* (ab 3B)

j'	habite	ich	wohne	nous	habitons	wir wohnen
tu	habites	du	wohnst	vous	habitez	ihr wohnt / Sie wohnen
il / elle / on	habite	er / sie / man	wohnt	ils / elles	habitent	sie wohnen

Ils **habitent** à Paris.

regelmäßiges Verb auf *-er*

______ *jdn/etw. mögen/lieben* (ab 3B)

j'	______	nous	______
tu	______	vous	______
il / elle / on	______	ils / elles	______

Tu ______ le chocolat ?

______ *an/bei etw. vorbeigehen/vorbeifahren* (ab 3B)

je	______	nous	______
tu	______	vous	______
il / elle / on	______	ils / elles	______

Il ______ par le parc.

______ *hören/zuhören/etw. anhören* (ab 3B)

j'	______	nous	______
tu	______	vous	______
il / elle / on	______	ils / elles	______

J'______ de la musique.

______ *jdn/etw. ansehen/anschauen* (ab 3B)

je	______	nous	______
tu	______	vous	______
il / elle / on	______	ils / elles	______

Ils ______ une série.

______ *bleiben* (ab 4B)

je	______	nous	______
tu	______	vous	______
il / elle / on	______	ils / elles	______

Je ______ à Paris.

______ *haben* (ab 4A)

j'	______	nous	______
tu	______	vous	______
il / elle / on	______	ils / elles	______

J'______ un frère et une sœur.

passer (par qc) *an/bei etw. vorbeigehen/vorbeifahren* (ab 3B)

je	passe	ich	gehe vorbei	nous	passons	wir gehen vorbei
tu	passes	du	gehst vorbei	vous	passez	ihr geht vorbei / Sie gehen vorbei
il / elle / on	passe	er / sie / man	geht vorbei	ils / elles	passent	sie gehen vorbei

Il **passe** par le parc.

regelmäßiges Verb auf *-er*

aimer (qn/qc) *jdn/etw. mögen/lieben* (ab 3B)

j'	aime	ich	mag	nous	aimons	wir mögen
tu	aimes	du	magst	vous	aimez	ihr mögt / Sie mögen
il / elle / on	aime	er / sie / man	mag	ils / elles	aiment	sie mögen

Tu **aimes** le chocolat ?

regelmäßiges Verb auf *-er*

regarder (qn/qc) *jdn/etw. ansehen/anschauen* (ab 3B)

je	regarde	ich	sehe an	nous	regardons	wir sehen an
tu	regardes	du	siehst an	vous	regardez	ihr seht / Sie sehen an
il / elle / on	regarde	er / sie / man	sieht an	ils / elles	regardent	sie sehen an

Ils **regardent** une série.

regelmäßiges Verb auf *-er*

écouter (qn/qc) *hören/zuhören/etw. anhören* (ab 3B)

j'	écoute	ich	höre	nous	écoutons	wir hören
tu	écoutes	du	hörst	vous	écoutez	ihr hört / Sie hören
il / elle / on	écoute	er / sie / man	hört	ils / elles	écoutent	sie hören

J'**écoute** de la musique.

regelmäßiges Verb auf *-er*

avoir *haben* (ab 4A)

j'	ai	ich	habe	nous	avons	wir haben
tu	as	du	hast	vous	avez	ihr habt / Sie haben
il / elle / on	a	er / sie / man	hat	ils / elles	ont	sie haben

J'**ai** un frère et une sœur.

! Das Verb *avoir* ist unregelmäßig: du musst alle Formen lernen.

rester *bleiben* (ab 4B)

je	reste	ich	bleibe	nous	restons	wir bleiben
tu	restes	du	bleibst	vous	restez	ihr bleibt / Sie bleiben
il / elle / on	reste	er / sie / man	bleibt	ils / elles	restent	sie bleiben

Je **reste** à Paris.

regelmäßiges Verb auf *-er*

_______ *zeichnen* (ab MC)

je	_______	nous	_______
tu	_______	vous	_______
il / elle / on	_______	ils / elles	_______

Il _______ un chien.

_______ *etw. sehr lieben* (ab 4B)

j'	_______	nous	_______
tu	_______	vous	_______
il / elle / on	_______	ils / elles	_______

Elle _______ le foot.

_______ *jdn/etw. hassen / gar nicht mögen* (ab MC)

je	_______	nous	_______
tu	_______	vous	_______
il / elle / on	_______	ils / elles	_______

Je _______ bricoler.

_______ *basteln* (ab MC)

je	_______	nous	_______
tu	_______	vous	_______
il / elle / on	_______	ils / elles	_______

On _______ ensemble ?

_______ *ankommen/kommen* (ab 5A)

j'	_______	nous	_______
tu	_______	vous	_______
il / elle / on	_______	ils / elles	_______

J'_______ dans une heure.

_______ *jdn/etw. lieber mögen* (ab MC)

je	_______	nous	_______
tu	_______	vous	_______
il / elle / on	_______	ils / elles	_______

Je _______ dessiner.

adorer *etw. sehr lieben* (ab 4B)

j'	**adore**	ich	liebe sehr	nous	**adorons**	wir lieben sehr
tu	**adores**	du	liebst sehr	vous	**adorez**	ihr liebt sehr / Sie lieben sehr
il / elle / on	**adore**	er / sie / man	liebt sehr	ils / elles	**adorent**	sie lieben sehr

Elle **adore** le foot.

regelmäßiges Verb auf *-er*

dessiner *zeichnen* (ab MC)

je	**dessine**	ich	zeichne	nous	**dessinons**	wir zeichnen
tu	**dessines**	du	zeichnest	vous	**dessinez**	ihr zeichnet / Sie zeichnen
il / elle / on	**dessine**	er / sie / man	zeichnet	ils / elles	**dessinent**	sie zeichnen

Il **dessine** un chien.

regelmäßiges Verb auf *-er*

bricoler *basteln* (ab MC)

je	**bricole**	ich	bastle	nous	**bricolons**	wir basteln
tu	**bricoles**	du	bastelst	vous	**bricolez**	ihr bastelt / Sie basteln
il / elle / on	**bricole**	er / sie / man	bastelt	ils / elles	**bricolent**	sie basteln

On **bricole** ensemble ?

regelmäßiges Verb auf *-er*

détester (qn/qc) *jdn/etw. hassen / gar nicht mögen* (ab MC)

je	**déteste**	ich	hasse	nous	**détestons**	wir hassen
tu	**détestes**	du	hasst	vous	**détestez**	ihr hasst / Sie hassen
il / elle / on	**déteste**	er / sie / man	hasst	ils / elles	**détestent**	sie hassen

Je **déteste** bricoler.

regelmäßiges Verb auf *-er*

préférer (qc/qn) *jdn/etw. lieber mögen* (ab MC)

je	**préfère**	ich	mag lieber	nous	**préférons**	wir mögen lieber
tu	**préfères**	du	magst lieber	vous	**préférez**	ihr mögt lieber / Sie mögen lieber
il / elle / on	**préfère**	er / sie / man	mag lieber	ils / elles	**préfèrent**	sie mögen lieber

Je **préfère** dessiner.

! Achte auf den Akzent: *é* bei *nous* und *vous*, *è* im Singular und bei *ils/elles*.

arriver *ankommen/kommen* (ab 5A)

j'	**arrive**	ich	komme an	nous	**arrivons**	wir kommen an
tu	**arrives**	du	kommst an	vous	**arrivez**	ihr kommt an / Sie kommen an
il / elle / on	**arrive**	er / sie / man	kommt an	ils / elles	**arrivent**	sie kommen an

J'**arrive** dans une heure.

regelmäßiges Verb auf *-er*

______ *aufräumen* (ab 5B)

je	______	nous	______
tu	______	vous	______
il / elle / on	______	ils / elles	______

Tu ______ ta chambre ?

______ *arbeiten/lernen* (ab 5B)

je	______	nous	______
tu	______	vous	______
il / elle / on	______	ils / elles	______

Ils ______ ensemble.

______ *etw. teilen* (ab 5B)

je	______	nous	______
tu	______	vous	______
il / elle / on	______	ils / elles	______

Je ______ ma chambre avec ma sœur.

______ *spielen* (ab 5B)

je	______	nous	______
tu	______	vous	______
il / elle / on	______	ils / elles	______

Elle ______ avec son frère.

______ ______

je	______	nous	______
tu	______	vous	______
il / elle / on	______	ils / elles	______

______

______ *erzählen* (ab 5B)

je	______	nous	______
tu	______	vous	______
il / elle / on	______	ils / elles	______

Il ______ encore une fois.

travailler *arbeiten/lernen* (ab 5B)

je	**travaille**	ich	arbeite	nous	**travaillons**	wir arbeiten
tu	**travailles**	du	arbeitest	vous	**travaillez**	ihr arbeitet / Sie arbeiten
il / elle / on	**travaille**	er / sie / man	arbeitet	ils / elles	**travaillent**	sie arbeiten

Ils **travaillent** ensemble.

regelmäßiges Verb auf *-er*

ranger *aufräumen* (ab 5B)

je	**range**	ich	räume auf	nous	**rangeons**	wir räumen auf
tu	**ranges**	du	räumst auf	vous	**rangez**	ihr räumt auf / Sie räumen auf
il / elle / on	**range**	er / sie / man	räumt auf	ils / elles	**rangent**	sie räumen auf

Tu **ranges** ta chambre ?

Verb auf *-er*

! Achte auf das *e* bei *nous rangeons*.

jouer *spielen* (ab 5B)

je	**joue**	ich	spiele	nous	**jouons**	wir spielen
tu	**joues**	du	spielst	vous	**jouez**	ihr spielt / Sie spielen
il / elle / on	**joue**	er / sie / man	spielt	ils / elles	**jouent**	sie spielen

Elle **joue** avec son frère.

regelmäßiges Verb auf *-er*

partager qc *etw. teilen* (ab 5B)

je	**partage**	ich	teile	nous	**partageons**	wir teilen
tu	**partages**	du	teilst	vous	**partagez**	ihr teilt / Sie teilen
il / elle / on	**partage**	er / sie / man	teilt	ils / elles	**partagent**	sie teilen

Je **partage** ma chambre avec ma sœur.

Verb auf *-er*

! Achte auf das *e* bei *nous partageons*.

raconter *erzählen* (ab 5B)

je	**raconte**	ich	erzähle	nous	**racontons**	wir erzählen
tu	**racontes**	du	erzählst	vous	**racontez**	ihr erzählt / Sie erzählen
il / elle / on	**raconte**	er / sie / man	erzählt	ils / elles	**racontent**	sie erzählen

Il **raconte** encore une fois.

regelmäßiges Verb auf *-er*

je		nous	
tu		vous	
il / elle / on		ils / elles	

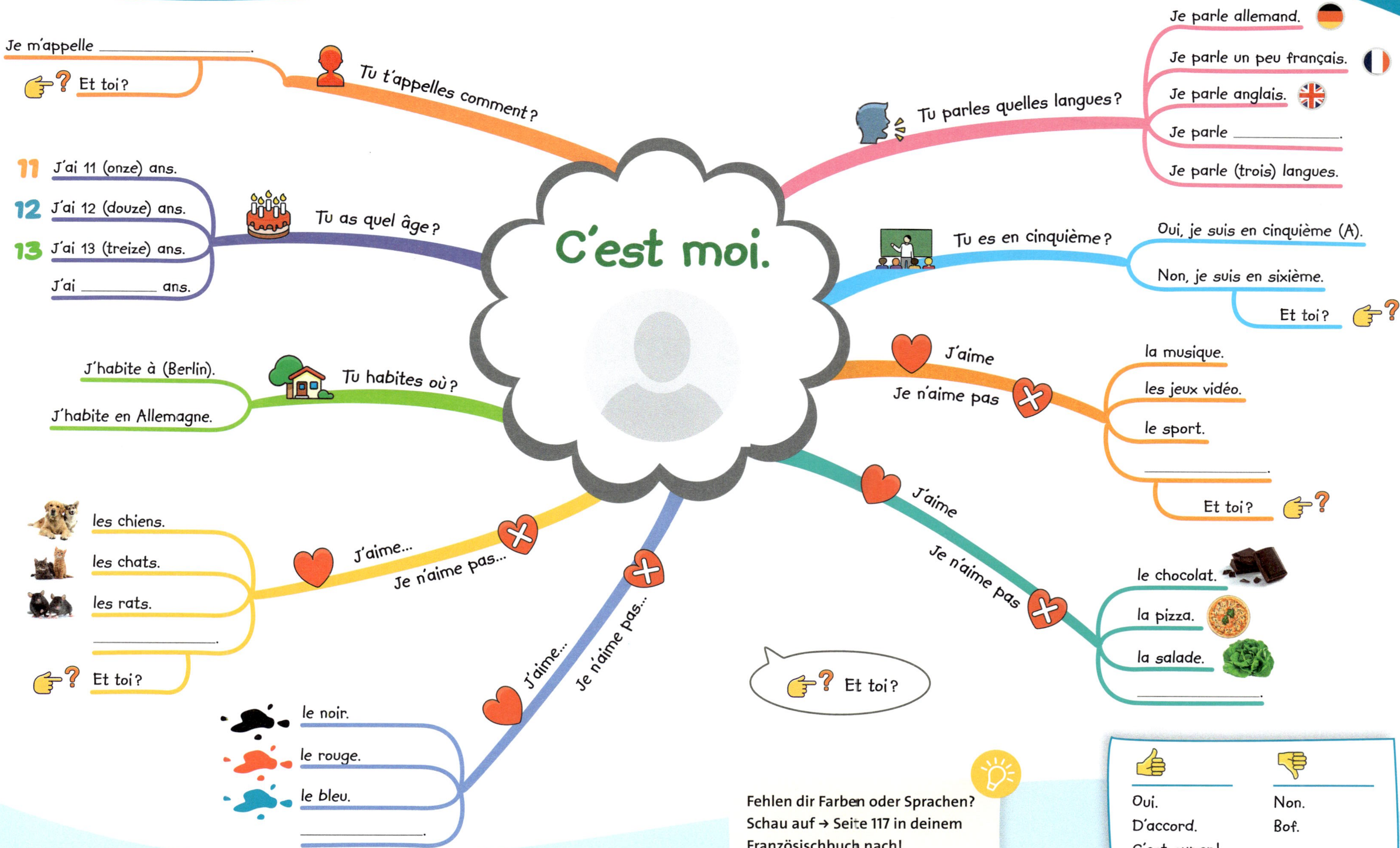

Fehlen dir Farben oder Sprachen?
Schau auf → Seite 117 in deinem Französischbuch nach!

👍	👎
Oui.	Non.
D'accord.	Bof.
C'est super !	

Je m'appelle (Max).
Et voilà { mon ami. / mon amie.
(Noa), c'est { mon ami. / mon amie.

La fille, c'est qui?

Le garçon, c'est qui?

être *sein*	
je suis	nous sommes
tu es	vous êtes
il/elle/on est	ils/elles sont
c'est	ce sont

Voilà les amis!

Ils sont sympa!

Elle s'appelle (Lara).
La fille, c'est (Lara).

C'est mon amie.
C'est l'amie de (Paul).

Elle est de (Bonn).

On est au collège (Goetheschule).
On est dans la même classe.
Elle est en cinquième (A/B/C).

Elle est super/cool/sympa.

Nous sommes ensemble dans le club de (danse).

Il s'appelle (Paul).
Le garçon, c'est (Paul).

C'est mon ami.
C'est l'ami de (Lara).

Il est de (Hanovre).

Nous sommes au collège (Goetheschule).
Nous sommes dans la même classe.
Il est en sixième (A/B/C).

Il est super/cool/sympa.

On est ensemble dans le club de (basket).

Je suis de / J'habite à } (Bonn).

J'habite dans le quartier (Beuel).

Qu'est-ce qu'il y a dans le quartier ?

Qu'est-ce qu'il y a à __________ ?

Dans le quartier, il y a…
- un collège, c'est le collège (Name).
- une boulangerie, c'est la boulangerie (Name).
- des supermarchés.
- un magasin (de sport).
- un centre commercial.

Il y a aussi…
- un stade.
- une piscine. Une piscine, c'est sympa pour les fans de sport.

En plus, il y a…
- une tour.
- une gare.
- une cathédrale.
- des parcs. Un parc, c'est sympa pour les fans de nature.

À (Bonn), il y a…
- un musée.
- un théâtre.
- des cinémas.
- un café.
- des restaurants, par exemple le restaurant « Rheinaue ».
- un hôtel.

Et il y a aussi…
- des rues.
- un pont.
- le (Rhin) et des ponts.

Mon endroit préféré, c'est…
- le parc.
- la piscine.
- le stade.
- Et toi ?

Weitere Orte findest du in deinem Buch auf → Seite 126.

Après le collège

On rentre ensemble ?
- D'accord.
  - Je rentre avec toi.
  - On rentre ensemble.
- Je ne sais pas. Tu habites où ?
  - J'habite à côté.
  - J'habite (Badstraße 4).
    - Le numéro (4), c'est où ?
    - C'est entre (le collège) et (la gare).

- On écoute de la musique ?
- Ou on regarde une série ?
  - D'accord, on regarde un épisode de (« Twins »).

Tu rentres à pied ?
- Oui.
- Non, je rentre en bus.
  - Et toi ?

Vous rentrez en bus ?
- Oui, on rentre en bus.
- Non, nous rentrons à pied.

On passe (d'abord) par la boulangerie ?
- D'accord.
- Bien sûr !
- Non, je n'aime pas les croissants.

Nous cherchons la boulangerie. C'est où ?
- C'est dans la rue (Müllerstraße).
- C'est dans le centre commercial.
- C'est entre et .
- C'est à côté.

Les verbes en -er

je parle	nous parlons
tu parles	vous parlez
il/elle/on parle	ils/elles parlent

aimer, écouter, habiter, passer, regarder, rentrer, chercher, parler

!
j'aime
j'habite
j'écoute

Voilà ma famille !

Les questions :
Tu as des frères et sœurs ?
Ils s'appellent comment ?
Ils ont quel âge ?
Tes parents sont ensemble ?
C'est vrai ? Ta tante habite en France ?

Dans ma famille, …

- nous sommes
  - 2 deux.
  - 5 cinq.
  - 10 dix.
- il y a
  - mes parents.
    - Mes parents sont
      - séparés.
      - ensemble.
  - ma mère.
  - mon père.
  - ma belle-mère.
  - mon beau-père.
    - Il est cool ! COOL

(green branch)

- En plus, il y a mes frères et sœurs (! Geschwister)
  - ma sœur.
  - ma demi-sœur.
    - Elle a 7 ans.
  - mon frère.
  - mon demi-frère.
    - Il a 19 ans.
- Je n'ai pas de frères et sœurs.

Il y a aussi mes grands-parents :

- ma grand-mère.
  - Elle aime le chocolat.
- mon grand-père.
  - Il aime la danse !

J'ai aussi…

- une tante.
  - Ma tante s'appelle Mara.
- un oncle.
  - Il habite à Cologne.
- une cousine.
- deux cousines.
- un cousin.
- cinq cousins.

avoir	haben
j'ai	nous avons
tu as	vous avez
il/elle/on a	ils/elles ont

Ma famille, c'est…

- un peu compliqué.
  - J'habite avec (ma mère) et (son copain).
  - Mon frère m'énerve (un peu).
  - Le week-end, je suis (souvent) chez ma grand-mère.
- super/cool !
  - On parle (trois) langues.
  - Mes parents sont sympa et mon frère est chou.

(teal branch)

- Nous avons… / J'ai…
  - un animal.
  - (trois) animaux.
  - un chien.
  - deux chats.
    - Ils sont chou.
  - des poissons.
    - Ils s'appellent (Kain et Abel).
  - un lapin.
  - ________.
- Je n'ai pas d'animal.
  - (Ma mère) n'aime pas les animaux.
  - J'ai une allergie.

Weitere Tiere findest du in deinem Buch auf → S. 131.

Qu'est-ce que tu aimes ? Qu'est-ce que tu détestes ?

- J'aime…
  - les BD.
  - le sport.
  - ______
- J'adore…
  - le basket.
  - la nature.
  - ______
- J'aime…
  - bricoler.
  - regarder des séries.
- Mais je préfère…
  - écouter de la musique.
  - dessiner.
  - ______
- Tu aimes le chocolat ou la salade ?
  - J'aime la salade.
  - Mais je préfère le chocolat.
- Tu préfères le PSG[1] ou l'OM[2] ?
  - Je ne sais pas.
- En plus, je déteste…
  - mon quartier.
  - le hip hop.
  - les musées.
  - ______
  - dessiner.
  - chercher mes stylos.
  - ______
- Je n'aime pas…
  - les croissants.
  - le rap.
  - le PSG[1].
  - ______
  - rentrer à pied.
  - parler anglais.
  - ______
- Je suis fan de…
  - sport.
  - Kylian Mbappé.
  - danse.
  - mangas.
  - ______

- Mon groupe préféré, c'est ______
- Ma chanteuse préférée, c'est ______
- Mon chanteur préféré, c'est ______
- Ma joueuse préférée, c'est ______
- Mon joueur préféré, c'est ______

👍	👎
Moi aussi !	Moi non.
Ah d'accord.	C'est nul !
C'est cool !	C'est compliqué.

1 PSG = Paris Saint-Germain
2 OM = Olympique Marseille

Ma chambre et moi

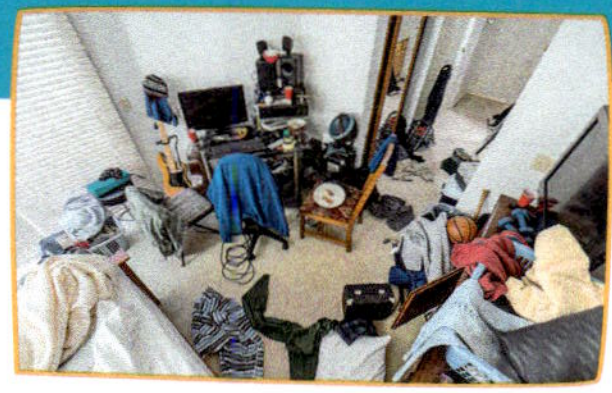

Dans ma chambre… / Chez moi…

- c'est petit.
- c'est le bazar.
- tout est (blanc/noir) parce que j'aime le (blanc/noir).

♥

- J'adore ma chambre ! C'est mon endroit préféré.
- J'aime ranger ma chambre.
- Je range souvent ma chambre.
- Je suis souvent sur mon lit.

✗

- Je ne suis pas souvent dans ma chambre.
- Je n'aime pas ma chambre parce que c'est petit.
- Je ne range pas souvent ma chambre.
- C'est le bazar parce que je déteste ranger.
- Je voudrais la chambre de ma sœur parce que je préfère son lit.

Est-ce que tu partages ta chambre ?

- Je ne partage pas ma chambre. – C'est cool !
- Je partage ma chambre avec…
  - ma sœur. – Elle m'énerve.
  - mon frère. – C'est la cata !

à gauche de	à droite de	sur	sous	devant	derrière	dans	à côté de	entre

Dans ma chambre, il y a…

- un lit. / deux lits. – Le lit est à gauche de l'armoire.
- une armoire. – L'armoire est à droite de la porte.
- un bureau avec une chaise. – Mon bureau est devant la fenêtre.
- une étagère. – L'étagère est entre le lit et le bureau.
- une porte.
- une fenêtre avec des plantes.

Sur mon lit, …

- je travaille (pour le collège).
- je dessine (des mangas).
- je joue à des jeux (vidéo).
- je regarde des séries.
- j'écoute de la musique.
- je bricole.

##

- Sur le mur, il y a
  - des posters (de mon groupe préféré / de ma joueuse préférée).
  - des photos
    - de mes amis.
    - de ma famille.
- À côté de la porte, il y a une guitare.
- Derrière la porte, il y a un poster.
- Dans l'armoire, il y a mon sac.
- Sous le lit, il y a des BD / des mangas.
- Sur mon étagère, il y a un drone et des enceintes.
- Sur mon bureau, il y a un ordinateur, des feuilles, une trousse et des stylos.

Weitere Möbel findest du in deinem Buch auf → S. 137.

Lösungen der Révisions-Seiten

Unité 2 • Révisions Seiten 52–53

Gleiche deine Ergebnisse der Révisions-Seiten genau mit den Lösungen hier ab. Achte auch auf die Artikel!
☑ Hake ab, wenn du die richtige Lösung hast.
☒ Kreuze an, wenn du einen Fehler gemacht hast. Dann zähle deine Punkte zusammen und kreuze die Ampel an.

Seite 52 • Exercice 1a ___/7 Punkten

Le collège :
2. le garçon ☐
3. le club ☐
4. la classe ☐

Le quartier :
1. le stade ☐
2. le collège ☐
3. la tour ☐
4. le musée ☐

Seite 52 • Exercice 1b ___/7 Punkten

Le collège :
2 • D ☐
3 • C ☐
4 • A ☐

Le quartier :
1 • E ☐
2 • G ☐
3 • H ☐
4 • F ☐

Seite 52 • Exercice 2 ___/7 Punkten

Le collège :
2. **les garçons** ☐
3. **les clubs** ☐
4. **les classes** ☐

Le quartier :
1. **les stades** ☐
2. **les collèges** ☐
3. **les tours** ☐
4. **les musées** ☐

Seite 53 • Exercice 3 ___/5 Punkten

2. – Non, **je suis** ☐ dans la classe de Gabin.
3. – Non, **ils sont** ☐ dans la classe de Gabin.
4. – Non, **il est** ☐ en cinquième B.
5. – Non, **nous sommes** ☐ les amies d'Idriss !
6. – Oui, **elles sont** ☐ aussi en sixième B.

Seite 53 • Exercice 4 ___/6 Punkten

1 • F ☐
2 • E ☐
3 • B ☐
4 • C ☐
5 • D ☐
6 • A ☐

Schätze deine Französischkenntnisse bis Unité 2 ein. Male die Kreise entsprechend aus:

Hörverstehen Ich kann ...
- ◯ Fragen über mich verstehen.
- ◯ jemanden verstehen, der sich vorstellt.

Leseverstehen Ich kann ...
- ◯ Kurznachrichten verstehen.

Wortschatz Ich kann ...
- ◯ die Vokabeln der Seiten 113–121 (im Buch).
- ◯ die Sätze der Seiten 138/1 und 2 und Seite 139/3 (im Buch).

Sprechen Ich kann ...
- ◯ jemanden begrüßen und verabschieden.
- ◯ sagen und fragen, wie es geht.
- ◯ jemanden nach Namen, Alter, Klasse, Sprachen, Wohnort und Vorlieben fragen.
- ◯ über mich und andere in einem Rollenspiel sprechen.

Schreiben Ich kann ...
- ◯ mich in einer Nachricht vorstellen.

Grammatik Ich kann ...
- ◯ das Verb *être* konjugieren und die Personalpronomen anwenden.
- ◯ Singular und Plural französischer Nomen bilden.
- ◯ den passenden bestimmten Artikel wählen.

Das war noch nicht so gut?
Dann sieh dir die Erklärfilme an und lerne jeden Tag 10 Minuten Vokabeln!

Erklärfilm
- Jemanden vorstellen
- Das Verb *être*
- Die Personalpronomen
- Der bestimmte Artikel

▶ Übe auch mit den Mindmaps, S. 125–126.

Unité 3 • Révisions Seiten 73–75

Seite 73 • Exercice 1 ___/5 Punkten

2. une piscine
3. un supermarché
4. une gare
5. une cathédrale
6. un magasin

Seite 73 • Exercice 2 ___/4 Punkten

1. À Bastille, il y a **des** restaurants.
2. Dans le quartier, il y a aussi **des** théâtres.
3. Dans la rue de la Bastille, il y a un hôtel.
4. Elias habite à Bercy, dans une tour.

Seite 73 • Exercice 3 ___/11 Punkten

Dans **le** quartier, il y a une gare, c'est la gare de Lyon. Il y a **des** restaurants comme le restaurant de Madame Richard. Il y a un magasin de sport et un centre commercial. Il y aussi une piscine. Il y a aussi **des** boulangeries, par exemple, la boulangerie « Panette ». Et il y a un hôtel, c'est **l'** hôtel « Le Parisien ».

Seite 74 • Exercice 4a ___/6 Punkten

1. je rentre
2. tu habites
3. il/elle/on passe
4. nous parlons
5. vous écoutez
6. ils/elles aiment

Seite 74 • Exercice 4b ___/5 Punkten

2. Tu **aimes** les chiens ?
3. Lili **habite** rue d'Aligre.
4. Jade et Enzo **écoutent** de la musique.
5. Vous **parlez** français ?
6. Nous **rentrons** ensemble après le collège.

Seite 74 • Exercice 5 ___/12 Punkten

2 • G
3 • E
4 • B
5 • A
6 • C
7 • F

☒ Seite 75 • Exercice 6 ___/10 Punkten

J'habite **à** Niederrad. Je parle **allemand**, anglais, espagnol et un peu français. Je suis en **sixième**. Mon collège, c'est à côté, **alors**, je rentre à pied. Je n'aime pas le collège, **mais** il y a les amis ! Ils **sont** cool ! Nous **sommes** ensemble **dans** un club de basket. J'aime le basket **et** la danse ! Et toi ? Tu es **en** sixième ? Tu aimes le sport ?

☒ Seite 75 • Exercice 7 ___/7 Punkten

2. – Oui, bien sûr ! Je **suis** à Paris.
3. – **Tu es** une gare ?
4. – **Je suis** une tour, je m'appelle Eiffel.
5. – C'est qui ? C'**est** la Tour Eiffel.
6. – **Vous êtes** à Berlin ?
7. – Non, **nous sommes** à Paris.
8. – Non, ce **sont** des ponts, les ponts de la Seine.

Schätze deine Französischkenntnisse bis Unité 3 ein. Male die Kreise entsprechend aus:

Hörverstehen Ich kann ...
- ○ verstehen, wenn mir jemand sagt, wo er wohnt.
- ○ verstehen, wenn sich jemand mit mir verabreden will.

Sprechen Ich kann ...
- ○ mich in einem Rollenspiel nach der Schule verabreden.
- ○ meine Adresse angeben und erklären, wo das ist.

Leseverstehen Ich kann ...
- ○ Kurznachrichten und Anzeigen verstehen.

Schreiben Ich kann ...
- ○ meinen Wohnort in einer Nachricht vorstellen.
- ○ sagen, was mein Lieblingsort ist.

Wortschatz Ich kann ...
- ○ die Vokabeln der Seiten 121–126 oben (im Buch).
- ○ die Sätze der Seite 140/5 und der Seite 142/9 (im Buch).

Grammatik Ich kann ...
- ○ die Verben auf *-er* konjugieren und die Personalpronomen anwenden.
- ○ den passenden unbestimmten Artikel wählen.

Das war noch nicht so gut?
Dann sieh dir die Erklärfilme an und lerne jeden Tag 10 Minuten Vokabeln!

Erklärfilm
- *La ville* (Die Stadt)
- Die Verben auf *-er*
- Der unbestimmte Artikel

Wiederhole auch:
- Das Verb *être*
- Die Personalpronomen
- Der bestimmte Artikel und das Nomen

▶ Übe auch mit den Mindmaps, S. 127–128.

Lösungen der Révisions-Seiten

Unité 4 • Révisions Seiten 94–95

Seite 94 • Exercice 1 ___/6 Punkten

1. **Tu t'appelles** comment ? ☐
2. Tu **as un frère** ? ☐
3. **Il s'appelle** comment ? ☐
4. Tu as **un animal** ? ☐
5. Tes parents sont **ensemble** ? ☐
6. Tu es en France **pendant** les **vacances** ? ☐

Seite 94 • Exercice 2 ___/8 Punkten

1. – Et voilà Paul et **sa** (*seine*) copine. ☐
   – Voilà Lili et **son** (*ihr*) copain. ☐
2. – La fille, c'est qui ? C'est **ta** (*deine*) sœur ? ☐
   – Non, c'est **ma** (*meine*) mère. ☐
3. – **Mon** (*Mein*) grand-père a une moto. ☐
   – **Ton** (*Dein*) grand-père a une moto ? C'est super cool ! ☐
4. – Le week-end, je suis souvent chez **mes** (*meine*) grands-parents. Et toi ? ☐
   – Non, **ma** (*meine*) grand-mère a trois chats et moi, j'ai une allergie. ☐

Seite 95 • Exercice 3 ___/6 Punkten

1. **J'ai** 14 ans. ☐
2. Tu **as** un ordinateur ? ☐
3. Il **a** une tablette. ☐
4. Nous **avons** des amis. ☐
5. Vous **avez** des animaux ? ☐
6. Elles **ont** des devoirs. ☐

☒ Seite 95 • Exercice 4 ___/6 Punkten

1. – Tes frères et sœurs **ont** quel âge ? ☐
   – Ma sœur **a** 14 ans. ☐
2. – Marie **est** en cinquième B ? ☐
   – Oui, nous **sommes** dans la même classe. ☐
3. – Vous **avez** des animaux ? ☐
   – Non, mes parents **sont** contre. ☐

☒ Seite 95 • Exercice 5 ___/8 Punkten

1. Le week-end, je **reste** souvent dans ma chambre. ☐
2. Mon frère et moi, nous **écoutons** de la musique. ☐
3. Après la piscine, ma sœur **rentre** ☐ et elle **regarde** ☐ des séries. Elle **aime** ☐ les séries.
4. Vous **regardez** souvent des séries ? ☐
5. Et toi, tu **restes** chez toi le week-end ou tu es avec tes copains ? ☐
6. Moi, je suis souvent chez mes cousines. Elles **habitent** à côté. ☐

Schätze deine Französischkenntnisse bis Unité 4 ein. Male die Kreise entsprechend aus:

Hörverstehen Ich kann ...
- ◯ verstehen, wenn jemand seine Familie vorstellt.
- ◯ verstehen, wenn mich jemand zu meiner Familie befragt.

Leseverstehen Ich kann ...
- ◯ Leser-/Leserinnenbriefe zum Thema Familie und Familienleben verstehen.

Wortschatz Ich kann ...
- ◯ die Vokabeln der Seiten 127–131 (im Buch).
- ◯ die Sätze der Seite 139–140/4 (im Buch).

Sprechen Ich kann ...
- ◯ meine Familie in einem Interview vorstellen.
- ◯ meine Haustiere vorstellen oder sagen, dass ich keine Tiere habe sowie begründen warum.

Schreiben Ich kann ...
- ◯ einen Brief über meine Familie schreiben.
- ◯ darüber schreiben, wie wir uns verstehen.

Grammatik Ich kann ...
- ◯ das Verb *avoir* konjugieren.
- ◯ den passenden Possessivbegleiter (*mon, ton, son*) wählen.

Das war noch nicht so gut?
Dann sieh dir die Erklärfilme an und lerne jeden Tag 10 Minuten Vokabeln!

Erklärfilm
- *Ma famille*
- Das Verb *avoir*
- Der Possessivbegleiter im Singular (*mon, ton, son*)

Wiederhole auch:
- Das Verb *être*
- Die Verben auf *-er*
- Der bestimmte Artikel und das Nomen

▶ Übe auch mit den Mindmaps, S. 129.

Unité 5 • Révisions Seiten 114–116

Seite 114 • Exercice 1 ___/14 Punkten

Moussa partage sa **chambre** ☐ avec son frère Amadou. Il y a deux **lits** ☐, une **armoire** ☐, un **bureau** ☐ avec deux **chaises** ☐ et une **étagère** ☐ avec des **livres** ☐, des **BD** (des **mangas**) ☐ et une **console** ☐. Sur une table, il y a des **clés** ☐ et deux **tablettes** ☐. Sur le mur, il y a un **poster** ☐ de Gims. À côté de la porte, il y a des **enceintes** ☐ et deux **guitares** ☐.

Seite 114 • Exercice 2 ___/5 Punkten

1. Dans ma chambre, **tout est rouge** parce que j'aime le rouge. ☐
2. Je **partage** ma chambre avec ma sœur. ☐
3. J'aime ranger, mais c'est le bazar **sur mon bureau**. ☐
4. J'aime **mon lit**, c'est mon endroit préféré. ☐
5. **Je travaille** et j'écoute de la musique sur mon lit. ☐

Seite 115 • Exercice 3 ___/4 Punkten

2. Le chat est à gauche du lit. ☐
3. Le lapin est à gauche de l'enceinte. ☐
4. Le rat est à droite de la plante. ☐
5. Le chat est à gauche des poissons. ☐

Seite 115 • Exercice 4 ___/10 Punkten

2. – **Est-ce que** Kenza aime ranger ? ☐
   – Non, elle **n'aime pas** ranger. ☐
3. – **Est-ce qu'**elle travaille sur son bureau ? ☐
   – Elle **ne travaille pas** sur son bureau parce que c'est le bazar ! ☐
4. – **Est-ce qu'**elle dessine souvent ? ☐
   – Oui, mais elle **ne dessine pas** sur son bureau. ☐
5. – **Est-ce que** sa trousse est sur son bureau ? ☐
   – Non, sa trousse **n'est pas** sur son bureau. ☐
6. – **Est-ce que** ses BD sont sur les étagères ? ☐
   – Elle a deux étagères, mais ses BD **ne sont pas** sur les étagères. ☐

☒ **Seite 116 • Exercice 5** ___/21 Punkten

1. Matéo **parle** ☐ français et espagnol. Il adore **bricoler** ☐ et il aime les drones. Il est **dans le club de drones** ☐ au collège. Dans sa chambre, il **joue souvent à des jeux vidéo** ☐. Mais il déteste le sport et il **n'aime pas ranger** ☐ sa chambre. C'est le bazar !
2. Elle adore **dessiner** ☐ et elle aime le rap **comme moi** ☐. On écoute souvent de la musique **ensemble** ☐. Mais sa famille, c'**est un peu compliqué** ☐. Ses parents sont séparés. Elle **habite** ☐ avec sa mère et son beau-père. Elle a un **demi-frère** ☐. Il a cinq ans. Il est chou, mais il l'**énerve** ☐ un peu.
3. Voilà mes grands-parents. **Le week-end** ☐, je suis souvent **chez** ☐ mes grands-parents. Ils **ont un lapin** ☐, Bandit. Il est chou ! Mes cousins habitent **à côté** ☐.
4. Mon cousin **s'appelle** ☐ Yann, il a 15 ans et il est cool. Emma et Louis **ont 13 ans** ☐. Ils **partagent** ☐ une chambre. Ce **n'est pas** ☐ petit, mais il y a deux lits et deux bureaux. En plus, il y a une armoire **entre les lits** ☐.

Schätze deine Französischkenntnisse bis Unité 5 ein. Male die Kreise entsprechend aus:

Hörverstehen Ich kann ...
- ○ ein Telefongespräch verstehen.

Leseverstehen Ich kann ...
- ○ Blogeinträge verstehen.

Wortschatz Ich kann ...
- ○ die Vokabeln der Seiten 133–137 (im Buch).
- ○ die Sätze der Seite 141/6 und der Seite 142/8 (im Buch).

Sprechen Ich kann ...
- ○ sagen, wo sich etwas befindet oder danach fragen.
- ○ jemanden bitten, etwas für mich zu suchen.
- ○ ein Telefongespräch führen.

Schreiben Ich kann ...
- ○ mein Zimmer in einer Nachricht beschreiben.
- ○ sagen, ob ich mein Zimmer mag (oder nicht) und begründen warum.

Grammatik Ich kann ...
- ○ den zusammengezogenen Artikel mit *de* bilden.
- ○ mit *ne... pas* verneinen.
- ○ die Frage mit *est-ce que* bilden.

Das war noch nicht so gut?
Dann sieh dir die Erklärfilme an und lerne jeden Tag 10 Minuten Vokabeln!

Erklärfilm
- *Ma chambre*
- Der zusammengezogene Artikel mit *de*
- Die Verneinung mit *ne... pas*
- Die Frage mit *est-ce que*

Wiederhole auch:
- Das Verb *être*
- Die Verben auf *-er*

▶ Übe auch mit den Mindmaps, S. 130–131.

Bildquellen

Abbildungen: Cover *li.* stock.adobe.com/rh2010, *re.* stock.adobe.com/deizmat; **U2** *ob. Hintergrund* Shutterstock.com/Kostikova Natalia, *Mi.li.* Shutterstock.com/Martin Novak, *2.v.Mi.li.* Shutterstock.com/Aysezgicmeli, *2.v.un.li.* Shutterstock.com/ViDI Studio, *un.li.* stock.adobe.com/Sergey Novikov, *Mi.re.* Shutterstock.com/Monkey Business Images, *2.v.Mi.re.* Shutterstock.com/oneinchpunch, *2.v.un.re.* stock.adobe.com/luckybusiness, *un.re.* Shutterstock.com/Prostock-studio; **S. 3** *un.li.* Shutterstock.com/Shannon Marie Ferguson; **S. 4** *un.re.* Shutterstock.com/VitalasArt; **S. 6** *Pins* Shutterstock.com/Picsfive, *1* Shutterstock.com/Naumenko Aleksandr, *2* Shutterstock.com/anyaivanova, *3* Shutterstock.com/canadastock, *4* Shutterstock.com/javarman, *5* Shutterstock.com/maziarz, *6* Shutterstock.com/frank_peters, *7* mauritius images/Rene Mattes, *8* Shutterstock.com/Guenter Albers; **S. 7** *ob.li.* Shutterstock.com/ImYanis, *ob.Mi.* Shutterstock.com/Ruth Black, *ob.re.* Shutterstock.com/Oksana Shufrych, *Mi.li.* Shutterstock.com/Anneleven Stock, *Mitte* Shutterstock.com/Dmytro Furman, *Mi.re.* Shutterstock.com/Tetiana Cherkashyna, *un.li.* Shutterstock.com/Catarina Belova, *un.Mi.* Shutterstock.com/LuciaR, *un.re.* Shutterstock.com/urfin; **S. 10** *2* Shutterstock.com/Antonio Guillem, *3* Shutterstock.com/VH-studio; **S. 11** *5.1.* stock.adobe.com/leremy, *5.3.* stock.adobe.com/HILTS; **S. 12** *ob.li.* Shutterstock.com/MuchMania, *2.v.ob.li.* Shutterstock.com/embroidery designs; **S. 14** *un.Mi.* Shutterstock.com/Ruth Black, *un.re.* Shutterstock.com/marcin jucha; **S. 15** *2A, 2B* Shutterstock.com/LightField Studios; **S. 17** *ob.li.* stock.adobe.com/Flamingo Images, *ob.re.* stock.adobe.com/Valentina R.; **S. 18** *ob.re.* stock.adobe.com/Fox, *1* Shutterstock.com/Tatiana Gordievskaia, *2* Shutterstock.com/ESB Professional, *3* Shutterstock.com/Cookie Studio, *4* Shutterstock.com/Gelpi, *5* Shutterstock.com/p_ponomareva; **S. 19** *1+Mi.re.* Shutterstock.com/Dubova, *2* Shutterstock.com/morrowlight, *3* Shutterstock.com/simona pilolla *2, 4* Shutterstock.com/Anna Nahabed, *5* Shutterstock.com/Head over Heels, *6* Shutterstock.com/Monkey Business Images, **S. 20** *ob.li.* Shutterstock.com/Monkey Business Images, **S. 22** *ob.Mi.* Shutterstock.com/Monkey Business Images; **S. 23** *ob.li.+ob.re.* Shutterstock.com/Daisy Daisy; **S. 24** *1* Shutterstock.com/insta_photos, *2* Shutterstock.com/Andrey Arkusha, *3* Shutterstock.com/Guas, *4* Shutterstock.com/Denis Kuvaev, *un.re.* Shutterstock.com/dizain; **S. 27** *Mitte 1. v.li.n.re.* Shutterstock.com/Chones, Shutterstock.com/James Steidl, Shutterstock.com/Nata-Lia, *2. v.li.n.re.* Shutterstock.com/Andris Tkacenko, stock.adobe.com/TrudiDesign, stock.adobe.com/Oleg Kozlov, *4. v.li.n.re.* stock.adobe.com/Oleg Kozlov, stock.adobe.com/kisscsanad, stock.adobe.com/ANASTASIIA; **S. 28** *Hunde* stock.adobe.com/kisscsanad, *Katzen* stock.adobe.com/ANASTASIIA, *un.4.v.li.* Shutterstock.com/Prostock-studio; *un.6.v.li.* Panther Media GmbH/Angelica Corneliussen, *un.6.v.re.* Shutterstock.com/Chones; **S. 30** *ob.Mi.+ob.re.* Shutterstock.com/NeMaria, *Mi.Mi.+Mi.re.* Shutterstock.com/NeMaria, *un.li.* Shutterstock.com/BearFotos, *un.2.v.li.* Shutterstock.com/BAO-Images Bildagentur, *un.2.v.re.* Shutterstock.com/Christian Wittmann, *un.re.* Shutterstock.com/LIUDMILA ERMOLENKO; **S. 34** *un.re.* Shutterstock.com/gasa; **S. 36** *1.Hintergrund* Shutterstock.com/maziarz, *3.Hintergrund* stock.adobe.com/Oleksandr Dibrova, *4.Hintergrund* stock.adobe.com/Dan Race, *6.Hintergrund* stock.adobe.com/samott; **S. 37** *Smileys* stock.adobe.com/globalpainting, *ob.li.* Shutterstock.com/Glinskaja Olga, *ob.re.* stock.adobe.com/Darren Baker, *1* Shutterstock.com/Catarina Belova, *un.li.* Shutterstock.com/anetapics, *un.re.* Shutterstock.com/Cosmic_Design, *3* Shutterstock.com/RossHelen; **S. 39** *1* Shutterstock.com/Catarina Belova, *2* mauritius images/Masterfile, *3* Shutterstock.com/Monkey Business Images, *4* Shutterstock.com/Daisy Daisy, *5* Shutterstock.com/Carlos Aranguiz, *6* Shutterstock.com/Victoria_Alex, *un.1.li.+re.* Shutterstock.com/PotaeRin, *un.2.li.* Shutterstock.com/Eric Isselee, *un.2.re.* Shutterstock.com/AlexanderDubrovsky, *un.3.li.* Shutterstock.com/ViDI Studio, *un.3.re.* Shutterstock.com/ViDI Studio, *un.4.li.* Shutterstock.com/smrm1977, *un.4.re.* Shutterstock.com/JessicaMcGovern; **S. 40** *5+6* Shutterstock.com/Monkey Business Images, 7. Shutterstock.com/Anastasiia Vasylyk; 8. Shutterstock.com/adidas4747; **S.** 41 *Mi.li.* stock.adobe.com/grafico2011, *Mitte* @webalys under the Creative Common Attribution licence, *Mi.re.* stock.adobe.com/Muhamad; **S. 44** *un.1.li.* Shutterstock.com/Artco, *un.1.re.+un.2.li.* Shutterstock.com/anna42f, *un.2.re.* Shutterstock.com/Uswa KDT, *un.4.li.* Shutterstock.com/ArnaPhoto, *un.4.re.* Shutterstock.com/Aran1988, *un.5.li.* Shutterstock.com/MicroOne, *un.5.re.* Shutterstock.com/TotemArt, *un.6.li.* Shutterstock.com/omprakash kumawat97, *un.6.re.* Shutterstock.com/cajoer; **S. 45** *un.re.* Shutterstock.com/Monkey Business Images; **S. 46** *5.v.ob.li.* Shutterstock.com/VikiVector, *2.v.ob.Mi.* Shutterstock.com/ArnaPhoto; **S. 48** *Noten* Shutterstock.com/ArnaPhoto; **S. 50** *Mi.Hintergrund* Shutterstock.com/shmel, *un.Mi.* Shutterstock.com/insta_photos; **S. 51** *ob.Mi.* Shutterstock.com/Panuwach, *un.Mi.li.* Shutterstock.com/Icon For You, *un.Mi.Mi.* Shutterstock.com/ArnaPhoto, *un.Mi.re.* Shutterstock.com/VikiVector, *Katzen* stock.adobe.com/ANASTASIIA, *Ratten* stock.adobe.com/Oleg Kozlov; **S. 52** *B+D* Shutterstock.com/Panuwach, *C* Shutterstock.com/bsd studio, *E* Shutterstock.com/Uswa KDT, *F* Shutterstock.com/ArnaPhoto, *G* @webalys under the Creative Common Attribution licence, *H* Shutterstock.com/anna42f, *un.li.* Shutterstock.com/Monkey Business Images, *un.re.* Shutterstock.com/maziarz, **S. 53** *ob.re.* Shutterstock.com/fizkes; **S. 55** *1* Shutterstock.com/ESB Professional, *2* Shutterstock.com/Christine Glade; **S. 56** *1* Shutterstock.com/franticOO, *2* Shutterstock.com/anyaivanova, *3* Panther Media GmbH/Eduard Goričev, *4* stock.adobe.com/Photocreo Bednarek, *5* stock.adobe.com/zhu difeng, *6* Shutterstock.com/Elena Pominova, *7* stock.adobe.com/Ekaterina Belova, *8* Shutterstock.com/dodotone; **S. 59** *1* Shutterstock.com/AJP, *2* Shutterstock.com/Andrey Arkusha; **S. 60** *ob.li.* Shutterstock.com/MuchMania, *2.v.ob.li.* Shutterstock.com/embroidery designs; **S. 61** *Mi.1.* Shutterstock.com/Svitlana Sokolova, *Mi.2.* Shutterstock.com/Krakenimages.com, *un.1.* stock.adobe.com/Starpics, *un.2.* Shutterstock.com/Prostock-studio, *un.3.* Shutterstock.com/Namart Pieamsuwan; **S. 62** *ob.li.* stock.adobe.com/kues1, *ob.Mi.* Hintergrund stock.adobe.com/THINK b, *ob.re.* Shutterstock.com/NeMaria, *Mi.li.* stock.adobe.com/NigelSpiers, *Mitte* stock.adobe.com/Jan Becke/eyetronic, *Mi.re.* stock.adobe.com/dbrnjhrj, *un.li.* Shutterstock.com/WDG Photo; **S. 63** *ob.li.* Shutterstock.com/Dejan Dundjerski, *Mi.li.* Shutterstock.com/Prostock-studio, *1* Shutterstock.com/pking4th, *2+9+10+11* stock.adobe.com/HILTS, *3* stock.adobe.com/grafico2011, *4* Shutterstock.com/Ceyhun, *6* Shutterstock.com/Alexander Lysenko, *7* Shutterstock.com/Oxy_gen, *5+8* Shutterstock.com/ArnaPhoto, *12* Shutterstock.com/MinskDesign; **S. 65** *A* stock.adobe.com/Fand, *D* stock.adobe.com/mushakesa, *G* stock.adobe.com/grafico2011, *C* Shutterstock.com/ArnaPhoto, *E* Shutterstock.com/MAKSIM ANKUDA; **S. 66** *Mi.re.* Shutterstock.com/Monkey Business Images; **S. 67** *ob.re.* Shutterstock.com/anna.q; **S. 69** *1+7* Shutterstock.com/MAKSIM ANKUDA, *3* Shutterstock.com/researcher97, *ob.re.* Shutterstock.com/Rido; **S. 70** *1+4* Shutterstock.com/MAKSIM ANKUDA, 7+8 Shutterstock.com/researcher97, un.alle Shutterstock.com/Panuwach; **S.** 71 3.li. Shutterstock.com/MAKSIM ANKUDA, 3.Mi.+3.re. stock.adobe.com/peacefully7, *4.li.+4.2.v.re.* Shutterstock.com/ArnaPhoto; *4.2.v.li* stock.adobe.com/Fand, *4.re.+5.Mi.* stock.adobe.com/grafico2011, *4.li.* Shutterstock.com/omprakash kumawat97, *5.li.* stock.adobe.com/mushakesa, *5.re.* stock.adobe.com/muhamad; **S. 72** *3* Shutterstock.com/pambudi, *4.ob.li.* stock.adobe.com/HILTS, *4.ob.re.* stock.adobe.com/grafico2011, *5.re.* stock.adobe.com/peacefully7, *5.li.+12* Shutterstock.com/ArnaPhoto, *7+8* Shutterstock.com/MAKSIM ANKUDA, *9+11* stock.adobe.com/mushakesa, *13* stock.adobe.com/Fand; **S. 75** *ob.re.* Shutterstock.com/Chekyravaa, *Mi.re.* Shutterstock.com/Travel-Fr, *un.re.* Shutterstock.com/kavalenkava; **S.** 76 oben Shutterstock.com/kckate16, **S.** 77 *ob.re.* stock.adobe.com/Adamov photography/oneinchpunch; **S. 78** *ob.li.* stock.adobe.com/FotoAndalucia, *ob.Mi.* stock.adobe.com/Jeanette Dietl, *ob.re.* Shutterstock.com/Andy Dean Photography, *2.v.ob.li.* stock.adobe.com/dubova, *Mi.li.* Shutterstock.com/Inna Reznik, *2.v.Mi.li.* stock.adobe.com/Arturo, *un.Mi.* Shutterstock.com/Kzenon, *2.v.Mi.re.* Hintergrund Shutterstock.com/Mr.suwan somphet, *2.v.Mi.re.* Shutterstock.com/Zurijeta, *Mi.re.* Shutterstock.com/William Perugini, *un.li.* stock.adobe.com/Jordi de Rueda/jordi2r; **S. 79** *1* Shutterstock.com/anetapics, *2* Shutterstock.com/DiveIvanov, *3* Shutterstock.com/Pakhnyushchy, *4* Shutterstock.com/JIANG HONGYAN, *5* Shutterstock.com/Esin Deniz; **S. 82** *ob.Mi.* Shutterstock.com/MuchMania, *2.v.ob.Mi.* Shutterstock.com/embroidery designs, *un.li.* Shutterstock.com/Carballo, *ob.re.* Shutterstock.com/fizkes, *2.v.ob.re.* Shutterstock.com/Nata Runa, *Mi.re.* Shutterstock.com/Christian Mueller, *un.re.* Shutterstock.com/Kleber Cordeiro; **S. 85** Mädchen/Jungen Gesicht Shutterstock.com/Panuwach, *Mädchen+Junge* Shutterstock.com/Digital Bazaar, *Pfote* Shutterstock.com/bluebright; **S. 86** *un.re.* Shutterstock.com/Tuzemka; **S. 88** *Mi.re.* Shutterstock.com/fizkes; **S. 90** *ob.Mi.* Shutterstock.com/Vasyl Syniuk, *ob.re.* Shutterstock.com/WAYHOME studio; **S. 91** *un.re.* stock.adobe.com/Augustin Lazaroiu/Augustin; **S. 93** *Mitte* Shutterstock.com/bluebright, *Mi.li.* Shutterstock.com/ArnaPhoto, *un.Mi.* Shutterstock.com/Digital Bazaar; **S. 94** *un.re.* Shutterstock.com/Syda Productions; **S. 95** *1* Shutterstock.com/Digital Bazaar, *3* Shutterstock.com/bluebright, *un.Mi.* Shutterstock.com/MAKSIM ANKUDA, *un.li.+un.re.* Shutterstock.com/researcher97; **S. 96** *un.2.v.li.* Shutterstock.com/HN Works; **S. 97** *1* Shutterstock.com/VALUA STUDIO, *2* Shutterstock.com/fizkes; **S. 103** *ob.re.* Shutterstock.com/Room27; **S. 105** *un.re.* Shutterstock.com/Africa Studio; **S. 108** *1* Shutterstock.com/Syda Productions, *2* stock.adobe.com/studio/Prostock, *3* Shutterstock.com/BAZA Production, *4* Shutterstock.com/stockfour, **S.** 111 *Smileys* Shutterstock.com/Castleski, *un.re.* Shutterstock.com/Prostock-studio; **S.** 112 *ob.li.* Hintergrund Shutterstock.com/vanillamilk, *ob.re.* Shutterstock.com/pambudi; **S. 114** *ob.li.* Shutterstock.com/Iconic Bestiary, *2.v.ob.li.* Shutterstock.com/davooda, *ob.Mi.* Shutterstock.com/CHARTGRAPHIC, *ob.re.* Shutterstock.com/Pixelz Studio, *3.v.un.li.* Shutterstock.com/In-Finity, *Mi.li.* Shutterstock.com/AZAR KARIMLI, *Mi.re.* Shutterstock.com/Haseba_Studio, *Mitte* Shutterstock.com/Anastasia Boiko, *2.v.un.li.* Shutterstock.com/wallnarez, *2.v.un.re.* Shutterstock.com/Helly Hansen, *un.li.* Shutterstock.com/Boyo Ducks, *un.re.* Shutterstock.com/Jane Kelly; **S. 115** *un.re.* Shutterstock.com/Prostock-studio; **S.** 116 *1* Shutterstock.com/Rohappy, *2* Shutterstock.com/insta_photos, *3* Shutterstock.com/Perfect Wave, *4* stock.adobe.com/Creatista/Scott Griessel; **S.** 117 *ob.re.* Shutterstock.com/icon0.com, *un.re.* Shutterstock.com/MAKSIM ANKUDA; **S. 118** *ob.li.* Shutterstock.com/icon0.com, *un.li.* Shutterstock.com/MAKSIM ANKUDA; **S. 119** *un.li.+un.re.* Shutterstock.com/Sergey Cherednichenko, *ob.re.*re. Shutterstock.com/MAKSIM ANKUDA, *Mi.re.* Shutterstock.com/researcher97; **S. 120** *ob.li.re.* Shutterstock.com/MAKSIM ANKUDA, *Mi.li.* Shutterstock.com/researcher97, *un.li.+un.re.* Shutterstock.com/Sergey Cherednichenko; **S.** 121 *un.Mi.* Shutterstock.com/north100, *Mi.re.* Shutterstock.com/HN Works; **S.** 122 *Mi.li.* Shutterstock.com/HN Works, Shutterstock.com/north100; **S. 123** *ob.li.* Shutterstock.com/yugoro, *Mi.li.* Shutterstock.com/hvostik, *ob.re.* Shutterstock.com/davooda, *Mi.re.* Shutterstock.com/Stock Ninja Studio; **S. 124** *ob.li.* Shutterstock.com/davooda, *Mi.li.* Shutterstock.com/Stock Ninja Studio, *ob.re.* Shutterstock.com/yugoro, *Mi.re.* Shutterstock.com/hvostik; **S. 125** *Hunde* stock.adobe.com/kisscsanad, *Katzen* stock.adobe.com/ANASTASIIA, *Ratten* stock.adobe.com/Oleg Kozlov, *Mitte* Shutterstock.com/Shannon Marie Ferguson, *re.un.ob.* Shutterstock.com/Andris Tkacenko, *re.un.Mi.* Shutterstock.com/adidas4747, *re.un.* Shutterstock.com/PotaeRin; **S. 126** *li.+re.ob.* Shutterstock.com/icon0.com, *2.v.ob.re.+2.v.ob.li.* Shutterstock.com/Icon For You; **S. 127** *ob.li.* @webalys under the Creative Common Attribution licence, *2.v.ob.li.* stock.adobe.com/grafico2011, *Bank mit Baum* stock.adobe.com/Muhamad, *un.li. Gebäude* stock.adobe.com/HILTS, *Mi.li.li.* Shutterstock.com/F8 studio, *Mi.li.* Shutterstock.com/Uswa KDT, *Mitte* Shutterstock.com/bioraven, *ob.re+2.v.ob.re.+3.v.ob.re.* Shutterstock.com/ArnaPhoto, *4.v.Mi.re.* stock.adobe.com/Suesse, *3.v.Mi.re.* Shutterstock.com/Ceyhun, *Hotel* Shutterstock.com/Alexander Lysenko, *Mi.re.* Shutterstock.com/Paola Leone, *un.re.li.* Shutterstock.com/MinskDesign, *un.re.* Shutterstock.com/Faraways; **S. 128** *ob.Mi.* Shutterstock.com/Brocreative, *Mi.li.* Shutterstock.com/stockfour, *Figuren* Shutterstock.com/MAKSIM ANKUDA, *un.li.* stock.adobe.com/Fand, *Mitte* @webalys under the Creative Common Attribution licence, *ob.re.* Shutterstock.com/bellena, *Mi.ob.* Shutterstock.com/John Mantell, *Bus* stock.adobe.com/peacefully7, *Baguette+Croissant* stock.adobe.com/mushakesa; **S. 129** *ob.Mi.li.* Shutterstock.com/yykkaa, *Mi.li.* Shutterstock.com/Lapina, *ob.re.* Shutterstock.com/Monkey Business Images, *Mi.re.* Shutterstock.com/Nynke van Holten, *un.re.* Shutterstock.com/Chris Dudek; **S. 130** *ob.li.* stock.adobe.com/fizkes, *un.re.* Shutterstock.com/Fourdoty; **S. 131** *ob.li.* Shutterstock.com/trekandshoot, *ob.Mi.* Shutterstock.com/Room27, *un.re.* Shutterstock.com/Rawpixel.com; **S. 132** *Smiley* Shutterstock.com/Castleski, **U4** stock.adobe.com/rh2010; **Flaggen und Icons** @webalys under the Creative Common Attribution licence: Emoji S. 3, 10-11, 13, 17, 21, 23, 41-42, 46, 51, 93; **Figur** S. 8-9, 13, 17, 21, 23, 25, 28, 42, 46, 51, 85, 125; **Glocke** S. 11, 13, 17, 21, 23, 28, 42, 85; **Haus** S. 18, 21, 46, 50-51, 65, 69-70, 72, 95, 117-120, 125-129; **Hände** S. 3, 8-9, 11, 13, 17, 21, 23, 25, 28, 42, 46, 51, 72, 85, 110, 125, 127-128, 130; **Sprechende Person** S. 24-25, 68-69, 117-118, 125, 129; **Torte** S. 14, 17, 23, 25, 43, 46, 50-51, 85, 125, 129; Shutterstock.com/MicroOne: **Klebestreifen** S. 22, 53, 90-91, 111, 126; Shutterstock.com/illusionix: **Smileys** S. 129, 131; Shutterstock.com/CkyBe: **Wolke** S. 3, 125-131; Shutterstock.com/xiver: **Flaggen** S. 5, 19, 22, 24, 26, 30, 44, 65-66, 68-89, 125

Einleger S. A *Emoji+Figur+Hände* @webalys under the Creative Common Attribution licence, **S. C** *Salat* stock.adobe.com/TrudiDesign, *Hände+Sprechende Person+Torte+Glocke+Haus* @webalys under the Creative Common Attribution licence, *Bälle* Shutterstock.com/Chones, *Schokolade* Shutterstock.com/Andris Tkacenko, *Instrumente* Shutterstock.com/James Steidl, *Tafel* Cornelsen/Céline Bailleux, *Controller* Panther Media GmbH/Angelica Corneliussen, **S. E** *Hunde* stock.adobe.com/kisscsanad, *Haus+Hochhaus* @webalys under the Creative Common Attribution licence, *Flaggen* Shutterstock.com/xiver, *Katzen* stock.adobe.com/ANASTASIIA, *Pizza* Shutterstock.com/Prostock-studio, *zwei Personen* Shutterstock.com/MAKSIM ANKUDA, Standort Shutterstock.com/pambudi, Kopfhörer stock.adobe.com/Fand, Bank mit Baum stock.adobe.com/muhamad, fragende Person Shutterstock.com/Fourdoty, *umarmende Personen* Shutterstock.com/Icon For You, *Fragezeichen* Shutterstock.com/icon0.com, *Dose* Cornelsen/Laurent Lalo, **S. G** *Pfote* Shutterstock.com/bluebright, *Mädchen+Junge* Shutterstock.com/Digital Bazaar, *Fernglas* Shutterstock.com/researcher97, *Baguette+Croissant* stock.adobe.com/mushakesa, *Schildkröten* Cornelsen/Laëtitia Aynié, *Handy* Shutterstock.com/veronawinner, *Highfive* Shutterstock.com/Vitechek, *rennende Person* Shutterstock.com/north100, *Blitz* Shutterstock.com/Vectorr Icon